개정판

비즈니스 문서작성의 올바른 원칙과 방법

비즈니스 문서작성법

BUSINESS DOCUMENTATION METHOD

이지은 저

ß (주)백산출판사

머리말

직장인의 업무는 문서작성으로 시작해서 문서작성으로 끝난다. "스마트 엔터프라이즈와 조직 창의성 보고서"를 보면 직장인이 전체 업무시간 중 문서작성에 투입하는 시간이 29.7%로 가장 큰 비중을 차지하며, 정보 검색·수집(22.3%), 검토·의사결정(19.7%), 회의(16.2%), 보고(12.7%) 순으로 업무시간을 할애하는 것으로 나타났다(한국생산성본부). 이는 직장인이 문서를 작성하고 정보를 검색하거나 수집하는 데 업무시간의 절반 이상(52.0%)을 소비함을 의미한다. 또한, '보고서로 인한 스트레스'에 관한 설문조사에 따르면 직장인의 88.4%가 보고서로 인한 스트레스를 받는다고 응답했고, 그 이유로는 촉박한 마감시간(23.5%), 잘 모르는 분야를 요구(23.5%), 서식·시각적 효과 등을 챙겨야 해서(22.7%), 혼자서 할 수 없을 정도로 많은 양 처리(16.2%), 자료 수집시간이 오래 걸림(12.7%)으로 나타났다(마크로밀엠브레인).

비즈니스 문서작성의 기본원칙은 기획서, 보고서, 제안서 등의 문서를 작성할 때 지켜야 하는 원칙을 의미한다. 문서를 작성하는 이유를 명확히 파악하여 간결하되 설득력 있는 내용으로 작성해야 한다. 기업에서는 프레젠테이션이나 구두 보고도 중요하지만 이를 뒷받침해 주는 것은 문서 커뮤니케이션이라 할 수 있으며, 비즈니스가 복잡해질수록 문서와 기록의 중요성은 부각된다. 또한, 인터넷, 인트라넷, 스마트폰 메신저, 업무용 메신저,

SNS 등의 커뮤니케이션 툴이 다양해지면서 문서작성 능력에 대한 비중은 증가하고 있다.

본서는 문서의 이해, 문서관리의 이해, 문서작성, 한글 문서작성, 실무 엑셀, 보고서 작성 및 관리 방법, 비즈니스 문서작성, 우편물 수발신 업무의 이해와 같은 내용으로 구성하였다.

문서작성은 결코 쉬운 업무가 아니다. 보고서는 형식과 요소가 정해져 있어도 형식적으로만 작성해서는 안 된다. 보고서를 쓰는 목적은 정보 제공이므로, 읽은 사람이 정보를 최단시간에 쉽고 빠르게 이해할 수 있도록 작성해야 한다. 본서는 문서작성 시 지켜야 하는 기본원칙과 보고서로 소통하고 업무를 관리하는 방법을 안내한다. 비즈니스 문서작성 시 지켜야 하는 기본원칙과 구성요소, 부서별 필수 비즈니스 문서양식, MS 오피스와 한글 프로그램의 활용법 등을 다뤄 직장인이라면 실무에 즉시 사용할 수 있도록 하였으며, 예비 직장인이라면 업무를 간접 체험할 수 있을 것이다.

직장생활을 하다 보면 실무자가 직접 임원보고를 해야 하는 경우가 발생하며 이때, 보고를 통한 첫인상이 개인의 이미지와 연결되는 경우가 많다. 본서는 직장인들이 보고서, 기획서, 제안서를 쓸 때 지켜야 하는 원칙 및 방법에 대해 상세하게 기술하고 있다. 본서가 문서작성 역량을 강화하여 성공적인 직장생활을 해나가는 데 기반이 될 수 있기를 희망한다.

2020년 8월
이 지 은
picceo.jieun@gmail.com

차례

chapter 03 문서작성   067

chapter 04 한글 문서 작성하기   075

chapter 05 **실무 엑셀** 145

chapter **O6**   **보고서 작성 및 관리 방법**   211

비즈니스 문서 작성법

01

문서의 이해

비즈니스 문서작성법

비즈니스 문서작성법

I

문서의 이해

1. 문서의 기능

문서란 사람의 생각이나 사물의 상태, 관계 등을 문자나 기호로 표시하고 기록한 것이다. 문서의 주요 기능은 첫째, 대화로 불충분한 의사소통을 문자, 숫자, 기호 등을 활용하여 구체적으로 기록하는 기능이다. 둘째, 업무 지시, 연락, 계약 체결, 의견 기록, 요구나 의뢰, 결정이나 승인 등의 의사 전달 기능이다. 셋째, 판정 처리, 계획·실적의 비교·조회, 업무 사항 분류 등의 의사 보존 기능이다. 넷째, 참고자료나 증거자료로 제공되어 정보 제공 수단으로 활용하여 행정활동을 지원하는 기능이다. 다섯째, 기안, 결재, 협조과정을 통해 소식 내의 업무를 연결하거나 조정하는 기능 등이 있다(행정안전부, 2012).

2. 문서의 구성요소

문서는 다음과 같이 두문, 본문, 결문으로 구성되며, 반드시 포함되어야 하는 주요소와 필요한 경우에만 선택해서 사용하는 부요소로 구성된다(도윤경, 2005).

〈표1〉문서의 구성요소

	주요소	부요소
두문	발신기관, 문서번호, 시행 일자, 수신처 보존기간, 수신기관(수신)	경유, 참조, 관인 · 직인 생략 표시
본문	제목, 내용	부기(첨부)
결문	발신 명의	전결 · 대결 표시, 수신처, 면수 표시

3. 문서의 구분 및 유형

문서는 〈표 2〉와 같이 다양한 기준으로 분류할 수 있다.

〈표2〉문서의 구분 및 유형

구분	내용
작성 주체	· 공문서, 사문서
유통 대상	· 유통되지 않는 문서(사내문서): 내부 결재문서 · 유통 대상 문서(사외문서): 대내문서, 대외문서, 수발신자의 명의가 같은 문서
문서 형태	· 장표, 일반문서, 특수문서
사무절차	· 접수문서, 배부문서, 공람문서, 기안문서, 결재문서, 미결문서, 시행문서, 완결문서, 보존문서
원본 여부	· 원본, 정본, 사본
기업문서	· 경영문서, 계약문서, 업무문서, 일반문서
처리단계	· 접수문서, 배포문서, 기안문서, 합의문서, 완결문서, 시행문서, 이첩문서, 공람문서, 보관문서, 보존문서, 폐기문서, 미처리 문서, 미완결 문서
문서의 성질	· 법규문서, 지시문서, 공고문서, 비치문서, 민원문서, 일반문서

가. 작성 주체(목적)에 의한 분류

문서는 작성 목적이나 주체에 따라 공문서와 사문서로 분류할 수 있다.

1) 공문서

공문서는 행정기관에서 공무상 작성하거나 시행하는 문서와 행정기관이 접수한 모든 문서를 의미한다. 사무관리규정 제3조에서 "공문서라 함은 행정기관 내부 또는 상호 간이나 대외적으로 공무상 작성 또는 시행되는 문서나 행정기관에서 접수한 모든 문서를 말한다."고 정의한다. 공문서에서는 종이문서 이외에도 도면·사진·디스크·테이프·도표·필름과 슬라이드와 전자문서 등의 특수매체 기록이 포함된다.

2) 사문서

사문서라 함은 개인이 사적인 목적으로 작성한 문서로 권리, 의무 또는 사실 증명에 관한 문서를 말하며, 추천장, 안내장, 소개장 등이 있다. 법률상의 사문서는 공문서 외의 문서로서 공무원이 아닌 개인이 작성한 모든 문서를 의미한다. 그러나 행정상의 사문서는 공무원이 아닌 개인이 작성하였더라도 그것이 행정기관에 접수되면 공문서가 된다. 각종 신청서·증명서·진정서 등과 같이 행정기관에 제출하여 접수된 것은 공문서로 취급된다(행정안전부 2012: 20).

나. 유통대상에 의한 분류

1) 사내문서

사내문서는 기업 내부에서 유통되는 문서이며, 조직 내부에서 지시, 명령, 보고, 협조 등을 위하여 발생시키는 문서를 의미한다. 대내문서는 업무에 의한 지시나 명령 또는 부서 간의 업무 협조를 위하여 시행되는 문서가 대부분이다. 일반적으로 협조문서, 통보문서, 품의문서, 업무보고서, 회의록, 기록서, 보고서류, 청원서, 특정부분에 작성되는 사내 장표, 규칙, 규정, 그 밖의 경영자료 등의 문서를 말한다.

2) 사외문서

사외문서는 기업 외부로 유통되는 문서이며, 회사의 의사를 사외에 전하는 역할을 하는 문서를 말한다. 예를 들면 견적서, 조회서, 의뢰서, 송장 등의 거래에 관한 문서가 있으며, 연하장이나 안내장 같은 경조사에 관한 문서 등이 있다.

다. 문서의 형태에 의한 분류

1) 장표

장표(章表)는 일정한 양식에 필요한 사항을 쉽게 기입할 수 있도록 인쇄된 사무문서이다. 즉, 변화하지 않는 사항을 미리 인쇄해 두고 변화하는 사항을 필요에 따라 여백에 기입할 수 있도록 되어 있다. 주로 정형적인 업무에 많이 쓰이는 문서로, 전표, 장부, 표·그림 등이 있다. 최근 국내 기업에서는 프레젠테이션 자료에서 한 장(slide, 슬라이드)을 장표라고 부르기도 한다.

2) 일반문서

일반문서는 장표처럼 양식이 일정하지 않은 사무문서이다. 주로 기업 내외의 연락에 사용되며, 일반적으로 비정형 업무에 이용되기 때문에 문서형식에 제한 없이 자유롭게 작성할 수 있는 것이 특징이다. 일반문서에는 보고서, 제안서, 기획서, 전보 등이 있다.

3) 특수문서

특수문서는 장표나 일반문서에 속하지 않는 문서로 기업의 정관, 규칙, 회의록 등이 있다.

라. 사무절차에 의한 분류

- 접수문서: 외부기관으로부터 당해 기관이나 부서에 접수된 문서
- 배부문서: 문서 담당부서에서 직접 접수된 문서를 해당 처리 담당부서로 배부한 문서
- 공람문서: 담당 처리 부서에서 접수, 배부받은 문서를 담당자로부터 결재권자까지 결재를 받은 후에 그 문서내용과 관련이 있는 구성원들에게 문서내용을 알리는 의미에서 회람시키는 문서
- 기안문서: 접수, 배부받은 문서의 처리 또는 자체적으로 어떤 의사를 결정하기 위해서 일정한 내용을 작성한 문서
- 결재문서: 기안문서에 그 내용에 대하여 권한 있는 결재권자의 결재를 받은 문서
- 미결문서: 기안문서 중 보조기관의 검토를 거쳤으나 아직 결재권자의 결재가 남아 있는 상태이거나 기안문서에 대한 내용의 확인과정, 협의 미비 등으로 인하여 결재가 유보된 문서
- 시행문서: 결재가 이루어진 문서에 대하여 그 의사를 표시하기 위하여 시행하는 문서

- 완결문서: 어떤 사안이 발생하여 그 사안을 해결하기 위하여 이미 정하여진 여러 절차를 거쳐 종결된 한 건의 문서
- 보존문서: 완결된 문서를 관계 규정에 정하여진 문서 보존기간 동안 관리하는 문서

마. 원본 여부에 의한 분류

- 원본: 작성자가 일정한 내용을 표시하기 위하여 최초로 작업한 문서를 의미한다. 원본에는 일반적으로 작성자의 서명 또는 날인이 있으며 하나인 경우가 일반적이다.
- 정본: 원본의 전부를 복사하고, 정본임을 인증한 문서를 의미한다. 원본에 대신하여 그와 동일한 효력을 갖는다. 정본에는 반드시 작성자가 정본이라는 표시를 하여야 한다.
- 사본: 보관 또는 보관 중인 원본의 문서를 복사, 복제한 문서를 의미한다. 원본과 같음을 증명하기 위하여 복사물이나 복제물의 여백에 '원본대조필'이라고 표시하여야 한다.

바. 기업문서의 기능에 의한 분류

기업문서를 기능에 의해 분류하면 다음과 같이 경영문서, 계약문서, 업무문서, 일반문서로 구분할 수 있다(유희숙, 2014).

1) 경영문서

기업 경영에 중요한 문서로 설립, 사업 등 〈표 3〉과 같은 종류로 구분할 수 있다.

〈 표 3 〉 경영문서의 종류

구분	내용
설립	사업자등록증, 법인 설립 등기, 주주 명부, 이사 등기, 영업허가 신고
사업	경영계획서, 사업계획서, 자금계획서, 예산편성계획서
감사	정기/특별 감사, 내부/외부 감사, 영업/제조 감사, 기술/시설 감사
회의	주주총회 회의록, 이사회 회의록
사규	복무/인사규정, 급여/연봉 규정, 영업/출장 규정, 이사회/임원 규정
증명/확인	사원증, 재직증명, 사용인감계, 은행계좌, 취급출입증명서
특허	발명특허, 실용신안, 디자인 등록, 상표등록, 서비스표 등록
인사/평가	근로계약서, 연봉계약서, 신원조회서, 신용조회서, 인사평가서

2) 계약문서

계약문서는 〈표 4〉와 같이 생산, 영업, 관리 계약서로 분류할 수 있다.

〈 표 4 〉 계약 문서의 종류

구분	내용
생산	제품생산계약서, 외주생산계약서
영업	판매계약서, 공급계약서, 대리점계약서, 수출입계약서, 선적계약서
관리	총무: 임차계약서, 공사계약서, 구매계약서
	인사: 근로계약서, 연봉계약서
	자금: 차입금계약서, 외환계약서
	구매: 구매계약서, 조달계약서

3) 업무문서

부문별 업무와 관련된 문서로 〈표 5〉와 같이 생산문서, 영업문서, 관리문서로 구분할 수 있다.

《표5》업무문서의 종류

구분	내용
생산문서	· 생산계획서, 생산 근로자 명부, 생산제품, 생산시설, 기술, 품질, 규격, 인증, 생산량, 부품 입고, 제품 출고 등 생산관련 서류
영업문서	· 영업계획서, 영업 근로자 명부, 영업점 명부, 상품명세, 거래처 명부, 영업일지, 거래명세서, 채권관리대장 등 영업관련 서류
관리문서	· 세무신고서, 4대보험 신고서, 영업신고서 · 회계장부, 임금대장, 근로자 명부 · 출퇴근 기록부, 시간외 근로대장, 근태관리대장 · 세금계산서, 영수증, 법인 카드 영수증 · 지급명세서, 품의서, 결의서, 확인서, 신청서, 협조문

4) 일반문서

업무 특성과 무관하게 어느 부서에서나 공통으로 사용하는 문서로, 보고서, 제안서, 기획서, 조사서 등으로 구분할 수 있다.

《표6》문서관리규정

구분	내용
보고서	조사보고서, 현황보고서, 실적보고서, 출장보고서, 결산보고서, 회의보고서, 검수보고서, 업무보고서, 교육훈련 보고서
제안서	업무 개선 제안서, 광고 홍보 제안서, 아이디어 제안서, 제품 납품 제안서, 상품 개발 제안서
기획서	사업기획서, 영업기획서, 생산기획서, 전시기획서, 개선기획서, 설치기획서, 설립기획서, 홍보기획서
조사서	시장조사서, 신제품 조사서, 품질조사서, 마케팅 조사서, 물류조사서, 경쟁기업 조사서, 거래처 조사서, 동향 조사서

사. 처리단계에 의한 분류

문서를 처리단계에 의해 다음과 같이 분류할 수 있다(한주원, 2008).

접수문서 배포문서 기안문서 합의문서 완결문서 시행문서

- 접수문서: 외부로부터 접수된 문서
- 배포문서: 접수문서를 문서과가 배포절차에 의해 처리과로 배포하는 문서
- 기안문서: 결재권자의 결재를 얻기 위해 기안 서식에 따라 초안을 기재한 문서
- 합의문서: 기안문서 내용과 관계된 타 부서의 협조를 얻기 위해 합의하는 문서
- 완결문서: 기안하고 결재하여 시행 목적에 따라 완결된 문서
- 시행문서: 기안문서의 내용을 시행하기 위하여 작성된 문서

이첩문서 공람문서 보관문서 보존문서 폐기문서

- 이첩문서: 배포 문서 중 그 취지와 내용이 다른 기관의 문서를 그 기관에서 다시 알리기 위해 기안된 문서
- 공람문서: 배포 문서 중 별도의 처리절차 없이 단순히 상급자에게 보고 또는 열람하게 하는 문서
- 보관문서: 일처리가 끝나 완결되어 보관하는 문서
- 보존문서: 자료로서 가치가 있어 일정기간 보존하는 문서
- 폐기문서: 자료가치가 상실된 문서로 폐기처분되는 문서

미처리 문서 미완결 문서

- 미처리 문서: 접수문서나 배포문서로 어떠한 처리도 하지 않은 문서
- 미완결 문서: 기안문서로 결재에 이르지 않았거나 결재를 받고도 시행되지 않은 문서

아. 문서의 성질에 의한 분류

행정안전부에서 발간한 행정업무운영편람(2012: 21)에 따르면 문서의 성질에 따라 다음과 같이 분류할 수 있다.

1) 법규문서

주로 법규 사항을 규정하는 문서로서 헌법, 법률, 대통령령, 총리령, 부령, 조례 및 규칙 등에 관한 문서이다.

2) 지시문서

훈령, 지시, 예규, 일일 명령 등 행정기관이 그 하급기관이나 소속 공무원에 대하여 일정한 사항을 지시하는 문서이다.

3) 공고문서

고시, 공고 등 행정기관이 일정한 사항을 일반에게 알리기 위한 문서이다.

4) 비치문서

행정기관이 일정한 사항을 기록하여 행정기관 내부에 비치하면서 업

무에 활용하는 대장, 카드 등의 문서이다.

5) 민원문서

민원인이 행정기관에 허가, 인가, 그 밖의 처분 등 특정한 행위를 요구하는 문서와 그에 대한 처리 문서이다.

6) 일반문서

위의 각 문서에 속하지 않는 모든 문서. 일반문서 중 특수한 것으로서 회보와 보고서가 있다.

4. 기안의 기능과 종류

문서의 기안이란 의사를 결정하기 위해서 기안 책임자가 기안용지에 작성한 문안에 의하여 결재받는 것으로, 정식문서나 안을 만들기 위해 행하는 작업과정이다. 즉, 기안이란 발의하는 형식 또는 그 과정을 말하며, 문제 해결을 위해 구체적으로 처리방안을 작성하는 것을 의미한다(유희숙, 2014).

가. 기안의 기능

1) 발신

문제의 처리내용을 외부 또는 내부에 발신하는 기능을 의미한다.

2) 내부 공람

수신한 문서에 대해 그 내용을 설명하거나 요약하여 상사와 관련자에게 공람하게 하는 기능을 의미한다.

3) 내부 보고

간단한 내용의 상황 보고, 결과 보고, 또는 출장 복명과 같은 내용을 상사나 상급 기관에 보고하는 기능을 의미한다.

4) 내부 결재

어떤 일을 처리함에 있어 처리방안에 대해 상사의 의사 결정을 문서로 받는 기능을 의미한다.

나. 기안의 종류

1) 단독기안

기안자가 단독으로 처리안을 작성한다.

2) 공동기안

회의나 회람을 통해 모아진 공통의견에 따라 처리안을 작성한다.

3) 면접기안

문제 처리에 직접 관여하는 관계자, 직무 상관 또는 의사 결정자와 개별적으로 면담하여 처리안을 작성한다.

4) 지시기안

상사의 지시나 지침을 받아서 처리안을 작성한다.

5. 기안의 절차

가. 기안 작성절차

기안 작성을 위한 일정 계획을 수립하기 위해서는 작성절차에 대한 이해가 필요하다. 기안 작성절차는 크게 다음의 다섯 단계로 이루어진다 (박철하, 2011).

1) 목적 파악

기안을 작성하는 이유, 결재권자의 의도 및 지시 내용, 접수문서의 내용을 파악한다.

2) 정보 수집과 선택

작성 목적에 부합되는 정보를 수집하고 필요한 내용을 선택한다.

3) 초안 작성

선택한 정보를 가지고 기안의 목적에 맞게 초안을 작성하고 검토한다.

4) 본안 작성

기안의 중심 내용을 명확히 이해하여 문장을 구성하며, 상대방이 이해하기 쉽게 표현하여 본안을 작성한다.

5) 확인

작성된 기안을 정독하여 잘못된 부분이나 불필요한 부분이 없는지 확인한다.

나. 기안 작성원칙

1) 명확하게 작성한다. 누가(Who), 무엇을(What), 언제(When), 어디서(Where), 왜(Why), 어떻게(How)의 6하원칙(5W1H)을 적용하여 내용을 구체적으로 작성한다. 그리고 소요 경비, 예산(How much)이 어느 정도인지, 기간(How long)이 얼마나 소요될 것인지를 추가하여 5W3H를 적용하면 보다 명확하고 구체성이 있는 문서를 작성할 수 있다. 추상적이고 일반적인 용어보다는 구체적인 용어를 쓰며, 막연하거나 불분명한 표현, 과장된 표현은 피하도록 한다.

2) 정확하게 작성한다. 문서의 내용이 정확해야 하며 오자, 탈자가 없어야 한다. 필요한 내용이 빠지지 않도록 하고 용어를 정확하게 사용하며, 문장부호를 명확히 사용하여 읽는 사람이 뜻을 정확히 파악할 수 있도록 한다.

3) 이해하기 쉽게 작성한다. 추상적인 용어를 피하고 쉬운 용어를 사용하여 상대방이 쉽게 읽고 이해할 수 있도록 한다. 한자나 어려운

전문용어를 쓸 필요가 있을 때에는 한글 다음에 (   )를 표시하여 한자를 넣거나 용어의 해설을 붙인다. 복잡한 내용인 경우 가급적 결론을 먼저 제시하고 이유를 설명하도록 하며, 불필요한 정보의 제시나 장황한 설명, 중복 설명을 피하고 받는 사람이 이해하기 쉽게 작성한다.

4) 성실하고 예의 바르게 작성한다. 성의있고 진실되게 문서를 작성하여 호감과 신뢰를 제공하며, 문장은 사실 그대로 정직하게 과장하여 표현하지 않는다. 또한 적절한 수준의 경어를 사용하여 상대방에게 예의와 격식을 갖추도록 한다.

비즈니스 문서작성법

02

CHAPTER

문서관리의 이해

비즈니스 문서작성법

I

문서관리규정

1. 문서관리규정

　문서관리규정(또는 문서규정)이란 기업에서 문서를 취급하거나 관리할 때 필요한 사항을 규정하여 명시한 문서를 말한다. 보통 기업의 사규 내에 문서관리규정이나 문서관리 지침이 있다. 일반적으로 문서관리규정에는 문서의 작성, 결재, 문서의 접수 및 배부, 문서의 발송, 문서의 보관 및 폐기 등의 내용이 포함되어 있다.

문서관리규정

문서관리규정

개정 2018.5.9.

제 1 장 총 칙

제1조(목적) 이 규정은 성남도시개발공사(이하 "공사"라 한다)의 문서의 작성, 처리, 보관, 보존, 서식(이하 "문서시무"라 한다)에 관한 기준을 정함으로써 문서 사무처리의 능률화와 통일을 기함을 목적으로 한다.

제2조(정의) 이 규정에서 사용하는 용어는 다음과 같다.

1. "문서"란 공사 업무상 작성하거나 시행하는 문서(사진, 도표, 필름, 테이프, 디스크, 도면, 슬라이드, 전자문서 등의 특수매체기록도 포함한다.)와 접수한 모든 문서를 말한다.

2. "문서부서"는 문서를 분류·배부·보존하는 업무를 수행하거나 수신·발신하는 업무를 지원하는 등 문서에 관한 업무를 주관하는 부서를 말한다.

3. "처리부서"는 문서내용의 처리를 주관하는 부서를 말한다.

4. "서명"이란 기안자·검토자·협조자·결재권자 또는 발신명의인이 공문서(전자문서는 제외한다)에 자필로 자기의 성명을 다른 사람이 알아볼 수 있도록 한글로 표시하는 것을 말한다.

5. "전자이미지서명"이란 기안자·검토자·협조자·결재권자 또는 발신명의인이 전사문서상에 전자적인 이미지 형태로 된 자기의 성명을 표시하는 것을 말한다.

6. "전자문자서명"이란 기안자·검토자·협조자·결재권자 또는 발신명의인이 전자문서상에 자동 생성된 자기의 성명을 전자적인 문자형태로 표시하는 것을 말한다.

7. "전자직인"이라 함은 컴퓨터 등 정보처리능력을 가진 장치에 의하여 전자적인 이미지 형태로 사용되는 직인을 말한다.

8. "전자문서시스템"이란 문서의 기안·검토·협조·결재·등록·시행·편철·보관·이관·접수·배부·문서관리규정 공람·검색·활용 등 모든 처리절차가 전자적으로 처리되는 시스템을 말한다.

[그림 1] **문서관리규정**(성남도시개발공사, 2018.5.9.)

2. 업무처리규정

업무처리규정이란 기업에서 업무에 필요한 절차와 사항을 규정해 놓은 것을 뜻한다. 반복적으로 처리해야 하는 업무의 정확하고 원활한 수행을 위해 업무처리 절차와 세부사항을 포함하고 있다.

조달청 외자구매 업무처리규정

개정 2019.12.27. 조달청 훈령 제1901호

제 1 장 총 칙

제1조(목적) 이 규정은 「조달사업에 관한 법률 시행규칙」(이하 "규칙"이라 한다) 제4조제5항과 제5조의 규정에 따라 조달청장이 국가기관, 지방자치단체와 공공기관 등(이하 "수요기관"이라 한다)이 필요로 하는 물자(이하 "수요물자"라 한다) 중 외국산 제품 등의 구매와 공급에 관한 세부업무처리 기준을 규정함을 목적으로 한다.

제2조(정의) 이 규정에서 사용하는 용어의 뜻은 다음과 같으며, 이 규정에서 정한 용어의 정의를 제외하고는 외자입찰유의서 및 외자계약일반조건에서 정하는 바를 적용한다.

1. "외자"는 규칙 제5조의 '외국산제품등'으로 조달청에서 국제 상관례 등에 따라 구매·공급하는 물품과 용역을 말한다.

2. "소액외자"는 조달요청서 1건 기준 총 배정예산이 미화 4만 불 이하인 외자를 말한다. 다만, 총 배정예산이 미화 4만 불을 초과하더라도 각각의 품목별 금액이 미화 4만 불 이하인 경우를 포함한다.

3. "정부조달협정 적용물자"(이하 "협정물자"라 한다)는 「국가를 당사자로 하는 계약에 관한 법률」(이하 "국가계약법"이라 한다) 제4조와 「특정조달을 위한 국가를 당사자로 하는 계약에 관한 법률 시행령 특례규정」(이하 "특례규정"이라 한다) 제3조에 따른 물품과 용역을 말한다.

4. "계약관"은 조달청 회계직 공무원임명 규정에 명시된 조달물자 계약관(분임과 대리 계약관을 포함한다)을 말한다.

5. "제조자"는 계약물품을 제조하거나 제작하는 자를 말한다.

6. "계약담당과장"은 조달청 외자구매 담당과장을 말한다.

7. "케이에프엑스(KFX: Korea Foreign Exchange)"는 외자구매에서 대외 지급수단으로 사용되는 자금을 말한다.

8. "반복계약"은 같은 물품을 같은 연도 안에 수요기관에서 2회 이상 조달 요청하는 물자의 계약을 말한다.

9. "다수공급자 계약"은 수요물자 중 품질·성능이나 효율 등에서 동등하거나 유사한 종류의 물품을 수요기관이 선택할 수 있도록 2인 이상을 계약상대자로 하는 공급계약을 말한다.

10. "조달협정"(이하 "협정"이라 한다)은 정부조달협정(Agreement on Government Procurement)을 말한다.

[그림 2] **업무처리규정**(조달청 외자구매 업무처리규정, 2019.12.27.)

3. 문서대장

문서대장은 기업 내에서 보관하는 문서를 관리하기 위해 작성하는 서식을 의미한다. 문서대장에는 문서가 들어오고 나간 것을 정해진 양식에 맞게 기록하며 관리한다. 일반적인 문서대장으로는 문서접수대장과 문서발송대장이 있다.

〈표 7〉문서접수대장

번호	접수일시	문서번호	발신처	제목(문서명)	접수부서	접수자	비고
1							
2							
3							
4							

〈표 8〉 문서발송대장

번호	발송일자	문서번호	수신처	참조	제목	첨부물		발송방법 (우편, 이메일, 팩스 등)	비고
						명칭	수량		
1									
2									
3									
4									

4. 조직도

조직도란 조직이 그 목적을 달성하기 위하여 조직의 부문 편성, 직위의 상호관계나 책임과 권한의 분담, 지휘, 명령의 계통 등을 한눈에 볼 수 있게 나타낸 표를 말한다.

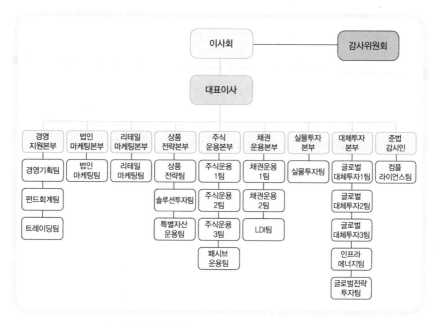

[그림 3] **조직도**(현대인베스트먼트자산운용, 2019.1.11.)

비즈니스 문서작성법   **Ⅱ**

문서 수발신 확인 및 구분

문서의 수발신 확인 및 구분에 해당되는 문서는 문서관리규정, 업무처리규정, 문서대장, 조직도, 대외 우편물, 내부문서, 외부문서 등이며 문서보안에 유의한다.

수행순서는 아래와 같다.

1 문서관리규정에 맞게 지정된 장소에서 문서를 확인한다.

가. 문서는 처리부서에서 수령한다.

- 외부로부터 수령하는 문서는 기업에서 정한 문서관리규정에 따라 취급하는 것을 원칙으로 한다.
- 기업에서 외부문서의 수령은 총무과에서 총괄해서 수령하거나, 수신부서에서 직접 수령한다. 이때, 외부로부터 받은 문서는 문서 수발신관리대장에 기록하고 배포하는 것이 일반적이다.

나. 문서의 수신자와 발신자가 누구인지 확인한다.

1) 외부에서 접수한 문서의 봉투에 기재된 정보를 읽고 문서의 수신자와 발신자를 확인한다.

대한그룹
서울시 강남구 테헤란로 123
경영지원본부 기획팀 김철수 차장

㈜민국전자
서울시 종로구 세종대로 456
경영지원본부 인사팀 김영희 부장

[그림 4] 외부문서

2) 문서봉투 겉봉의 좌측 상단은 발신인의 정보가 기재되어 있다.

• 문서를 보낸 회사는 '대한그룹'이다.

• '대한그룹'의 주소는 '서울시 강남구 테헤란로 123'이다.

• 문서를 보낸 발신인의 성명은 '김철수 차장'이다.

3) 문서봉투 겉봉의 우측 하단은 수신인의 정보가 기재되어 있다.

• 문서를 받는 회사의 이름과 주소가 올바르게 적혔는지 확인한다.

• 회사의 조직도를 보고 '경영지원본부 인사팀 김영희 부장'의 근무 여
부를 확인한다.

• 수신된 문서를 부서에 전달할 수 있도록 같은 부서별로 묶어서 분류
한다.

2 수발신 문서 중 구별이 모호한 경우에는 상사에게 문의하여 처리한다.

가. **1**의 분류방법을 통해서도 구별하기 어려운 상황이 발생할 수
있다.

• 수신인이 퇴직이나 부재로 누구에게 전달해야 할지 알 수 없는 경우

• 여러 부서와 관련된 문서로 어느 부서에서 담당하는지 알 수 없는 경우

나. 「가」와 같은 상황이 발생하여 구별이 모호한 경우에는 상사에게
　　문의한다.

다. 상사로부터 피드백을 받은 후, 관련성의 정도가 가장 높다고 판단
　　되는 부서로 문서가 전달될 수 있도록 분류한다.

라. 문서는 즉시 처리하여, 당일에 처리하는 것이 바람직하며, 장시간
　　이 필요한 경우에는 상급자에게 문의하여 처리한다.

비즈니스 문서작성법

문서등록과 문서전달

문서관리에서 문서등록은 중요하다. 생산한 문서를 등록하여 보관함으로써 어떤 문서를 누가 생산하여 언제 등록했는지 확인할 수 있기 때문이다. 문서의 사용자나 업무의 인수자가 등록된 인계자의 문서를 확인함으로써 인계받은 업무에 집중할 수 있다. 따라서 기업에서는 문서관리규정을 통해 문서등록을 의무화하여 문서관리를 하고 있다.

문서가 들어오고 나간 것을 정해진 양식에 맞게 기록하며 관리한 것을 문서대장이라고 한다. 일반적인 문서대장으로는 문서등록대장, 문서접수대장, 문서발송대장 등이 있다.

전자문서는 컴퓨터 등 정보처리능력을 가진 장치에 의하여 전자적인 형태로 작성, 송수신 또는 서상된 문서이다(사무관리규정 제3조 제7항). 전자문서시스템은 문서의 기안·검토·협조·결재·등록·시행·분류·편철·보관·보존·이관·접수·배부·공람·검색·활용 등 문서의 모든 처리절차가 전자적으로 처리되는 시스템이다(사무관리규정 제3조 제12항).

[그림 5] **전자문서시스템**(강원대학교 전자문서시스템)

수행순서는 아래와 같다.

1 문서대장에 수발신 문서를 등록한다.

1. 기업외부에서 접수한 문서는 문서관리규정(이하 "규정")에 의해 취급한다.

● 사외문서의 접수는 기업의 총무팀에서 총괄하여 대리 접수하거나, 문서 수신부서에서 직접 접수하고 문서접수대장에 기록한다.

● 접수문서는 총무팀에서 접수한 경우 접수인을 기재하고, 문서등록대장에 접수번호와 일시를 기재한다.

● 수신부서에서 직접 받은 문서는 수신부서에서 접수대장에 접수일시를 기재하여 이를 총무팀으로 보낸다.

● 총무팀의 문서접수자는 접수문서를 수신처에 전달하고, 수신부서장은 문서의 열람자 범위를 정하여 문서를 열람하게 할 수 있다.

● 당직 근무자가 접수한 문서는 당직일지에 그 내용을 기재하고 다음

날 총무팀에 이관한다.

- 접수한 문서는 모든 문서의 좌측 하단부 여백에 접수인을 날인하고 접수번호를 부여한 후 문서접수대장에 소정의 사항을 기록한다.
- 접수일시가 중대한 영향을 미치는 문서에는 도착일시를 반드시 명시하여 배부한다.
- 접수된 문서 중 수신인이나 수신처가 분명치 않은 경우에는 전부 개봉하여 문서와 봉투를 함께 철하여 배포한다.
- 친전문서 또는 개봉할 수 없다고 판단되는 문서는 봉투에 접수인을 찍고 각 수신자에게 직접 배부하거나, 상사에게 문의하여 처리한다.

② 대외공문 발송 시 문서관리대장에 기록한 뒤 발송한다.

  가. 기업에서 문서의 발신 또는 발송(이하 "발송")은 문서의 생산부서에서 발송하거나, 총무팀에서 일괄하여 발송한다.

  나. 발송처는 문서발송대장에 반드시 기록한 다음 발송한다.

1) 총무팀 발송

- 문서의 발송은 문서 생산부서에서 문서를 봉투에 투입한 뒤 봉합하지 않은 상태에서 총무팀에 발송을 의뢰하여야 한다.
- 총무팀 발송담당자는 문서를 확인하고 봉합한 뒤 문서발송대장에 수신자와 발신자, 발송일 등을 기록하고 발송한다.

2) 문서 생산부서에서 직접 발송

- 문서를 작성부서에서 발송할 경우 작성자는 발송 부서장의 결재를 받아 발송문서를 부서 또는 총무팀 발송대장에 기록하고 발송한다.

③ 지정된 수신인별로 등록된 문서를 전달한다.

- 접수된 문서에 지정된 수신인의 성명이 기재되어 있을 경우 등록된 문서를 전달한다.
- 수신인이 명기되어 있지 않거나, 불확실한 경우에는 기업의 조직도를 참고하거나 상사에게 문의하여 해당 수신인을 확인한 후 문서를 전달한다.
- 문서는 문서관리규정에 맞게 처리하며 당일 처리하는 것을 원칙으로 한다. 수신인이 불확실한 경우 철저한 확인을 통해 문서를 전달하여 누락되지 않도록 한다.

④ 전자문서는 '기록물 등록대장'에 통합하여 전산으로 등록한다.

- 전자문서는 처리과별로 기록물등록대장에 생산문서, 접수문서를 통합하여 등록번호를 부여하고 관리한다.
- 문서 서식상 등록번호는 처리과명+등록 연번으로 표기하고, 등록번호는 처리과 기관코드와 연별 등록일련번호로 구성된다.
- 전자문서시스템은 인증서의 비밀번호를 수시로 변경하여 문서가 외부에 유출되지 않도록 주의한다.

<u>123456</u> – <u>12</u>
 (A)   (B)

(A): 처리부서 코드, (B): 등록 연번

[보기] ○○그룹 인사팀에서 2020년도에 15번째 생산한 문서

기록물 서식상 표기 :	인사팀-15
기록물등록대장 및 시스템에서의 등록번호 관리 :	123456-15
해당 기록물의 고유번호 :	123456-2020-15

비즈니스 문서작성법

문서 정리하기

1. 문서의 관리절차

구분 → 분류 → 편철 → 보관 → 이관 → 보존 → 폐기

문서 관리절차는 〈표 9〉와 같다.

〈표 9〉 문서 관리절차

관리절차	내용
구분	여러 가지 문서 중 편철할 문서를 선별, 정리한다.
분류	문서 분류법에 따라 문서를 분류한다.
편철	분류된 문서를 100매 기준으로 문서철에 묶는 과정이다.
보관	문서보관 규정에 따라 분류한 파일을 일정기간 서류함에 보관한다.
이관	보관 중인 문서를 연장 보존하기 위해 주관부서에 문서를 옮긴다.
보존	문서의 보존기간에 맞게 주관부서의 캐비닛 또는 문서고 등에 보존, 관리한다.
폐기	보관이나 보존기간이 끝난 문서를 절단하여 폐기한다.

2. 문서 분류방법

　문서의 분류는 기업별, 부서별로 활용방법에 따라 다르게 이루어진다. 기업에서 사용되는 매뉴얼 파일링은 알파벳, 숫자, 연대, 문자, 주제별, 지역별 구분으로 이루어진다. 매뉴얼 파일링은 같은 파일링 절차, 도구와 양식을 사용한다. 매뉴얼 시스템은 문서에 부착된 기업 또는 개인 이름, 양식번호, 날짜 또는 사례번호, 문서의 주제, 또는 지역과 같이 문서의 무슨 측면이 파일링을 가이드하는가에 따라 다르다. 이처럼 파일링 시스템은 기본적인 것에서 복잡한 것까지 다양하므로 특별한 매뉴얼 파일링 제도를 선택하기 위한 결정은 어떻게 조직이 정보에 접근해야만 하는가에 따라 이루어져야 한다(West, 2002; 유희숙, 2008).

가. 가나다 혹은 알파벳순 파일링

　가나다 혹은 알파벳순 파일링은 한글 가나다순 혹은 영어의 알파벳순에 따른 파일링을 말한다. 파일링 방법 중 가장 보편화된 방법이다. 모든 문서들이 사전적 순서로 정리되며 개인의 이름, 회사의 이름 또는 주제명에 따라 파일링한다. 이 유형은 각 가나다 문자나 알파벳 문자에 대한 제1가이드(primary guide)를 지닌다. 제1가이드의 문자에 해당하는 각 폴더들은 제1가이드 뒤에 파일링한다. 또한, 각 가나다별 혹은 알파벳 문자별로 일반문서 폴더들을 만든다. 이 폴더는 각 폴더에 포함되지 않는 기타 문서들을 파일링한다.

나. 번호순 파일링

대다수의 기업들은 부여된 번호를 중심으로 파일링하며, 문서들은 연속적인 번호를 부여받게 된다. 예를 들면 정해진 양식이 미리 번호순으로 인쇄되고 이 번호순에 따라 파일링되는 문서들이 있다. 번호순으로 파일링하는 다른 이유는 기밀성 때문인데, 기밀문서는 어떤 정보를 보호하기 위해 이름 대신 번호로 정리될 수 있다. 따라서 번호순 파일링은 검색 시 어려움이 있을 수 있다. 번호순 파일링을 사용하는 조직은 보관과 검색을 용이하게 하기 위해 알파벳 인덱스를 동시에 사용하기도 한다.

다. 연대순 파일링

문서의 내용보다 언제 이 문서가 필요하게 되었는지가 더 중요한 경우가 있다. 문서가 필요하게 된 날짜에 근거하여 문서를 정리할 때 연대순 파일링이 가장 적절하다. 연대순 파일은 월별 가이드를 만들고, 문서들은 날짜순으로 각 월별 가이드의 뒤에 둔다. 연대순 정리는 기억을 상기시켜 주는 역할을 한다. 어떤 사무보조자 혹은 사무관리자는 과제나 임무를 상기시켜 주는 장치로서 티클러 파일(tickler file)을 사용할 것이다. 티클러 파일은 1일부터 31일까지를 번호화한 가이드와 월별 가이드 카드를 지닌 파일 상자이다.

라. 수 · 문자 파일링

이 파일링 방법은 알파벳과 번호를 조합하여 사용한다. 먼저 주제별 알파벳순으로 정리한 다음, 각 주된 주제별 하위분류로서 번호를 기록한다. 주된 주제별 가이드 뒤에 번호를 부여받은 하위분류 가이드를 배치한다.

마. 주제별 파일링

주제별 파일링은 주제나 카테고리에 의해 정리된 문서들을 말한다. 이 파일링은 사전 또는 백과사전적인 순서를 사용한다. 사전적 정리는 가부터 하까지, 혹은 A부터 Z까지 간단한 보관방법이다. 백과사전적 정리는 주된 토픽의 첫 문자 뒤에 가나다순 혹은 알파벳순으로 파일링된 하위분류를 지닌 주된 토픽별로 문서를 정렬하는 방법이다.

바. 지역적 파일링

만일 기업이 지역단위로 사업을 한다면 지역적 파일링을 하는 것이 좋다. 지역적 파일링은 가나다순에 의해 문서들이 나타내는 소재지별로 정리된다. 지역적 파일링은 서울, 경기, 강원, 충청 등으로 제1가이드를 만들면 이에 대한 하위분류로서 시나 구가 될 것이다.

3. 업무문서의 분류

업무문서의 분류는 문서관리에서 가장 기본적이고 중요한 작업단계로, 명확하고 합리적인 분류에 의해 이후 수행될 각 단계별 작업의 성사여부가 결정된다. 따라서 부서(팀)장을 중심으로 부서(팀)원 전원의 합의 하에 부서(팀) 업무에 대한 명확한 파악과 합리적인 업무분류가 선행되어야 한다.

문서의 분류는 분장업무의 특성 및 문서의 종류와 양을 감안하여 분류한다. 문서는 업무기능별로 3차까지 분류함을 원칙으로 한다. 다만, 업무의 특수성 및 세부성에 따라 4차까지 분류할 수 있다. 대분류는 사규 업무분장상의 기본업무를 기준으로 구분한 1차 분류이며, 중분류는 대분류를 다시 하위기능에 따라 구분한 2차 분류이다. 소분류는 선행된 2차 분류에 따라 최종적으로 업무단위별로 구분한 3차 분류이다.

대분류(1차 분류)	중분류(2차 분류)	소분류(3차 분류)
· 기본업무 · 사규 업무분장상의 기본 업무를 기준으로 분류	· 주요 업무 · 1차 분류를 세분한 주요 업무내용으로 분류	· 세부업무 · 2차분류를 세분한 세부 업무내용으로 분류
회의	회의통보서 회의록 회의자료	경영회의록 간부회의록 팀회의록

[그림 6] 문서분류방법

4. 문서분류표

문서분류표는 문서의 발생에서 폐기까지 일괄 정리를 기본으로 누구든지 용이하게 찾으려는 문서를 검색하고, 문서를 공유하기 위한 체계표를 말한다.

〈 표 10 〉 문서분류표

대분류	중분류	소분류	번호	보존연한	
				사무실	문서고
A. 전사 공통	A. 총괄	A. 기안문	001	1년	
		B. 시행문	002		
	B. 업무분장	A. 기획팀 업무분장표	001	1년	
		B. 총무팀 업무분장표	002		
		C. 인사팀 업무분장표	003		
		D. 영업팀 업무분장표	004		
B. 인사	A. 인력관리	A. 이력서	001	영구	
		B. 인사관리카드	002	영구	
		C. 인사명령서	003	영구	
		D. 근로계약서	004	영구	
		E. 업무인계인수확인서	005	영구	
	B. 근태관리	A. 지각계	001	1년	
		B. 조퇴계	002	1년	
		C. 결근계	003	1년	
		D. 휴가사용신청서	004	1년	
		E. 복직계	005	영구	
		F. 휴직계	006	영구	
		G. 시말서	007	영구	
		H. 사직서	008	영구	
		I. 근태보고서	009	영구	
		J. 출장신청/복명서	010	영구	
		K. 외근일지	011	1년	

문서 분류 시 업무수행 순서는 아래와 같다.

1 문서 분류 전 원칙을 확인한다.

• 문서 분류는 중복이 없도록 한다.
• "OO관계철", "기타", "참고", "종합" 등의 모호한 표현을 피하고 구체적이고 객관성 있는 명칭을 사용하고 있는지 확인한다.

> 인사관계철(X) → 2021 신입사원 채용계획(O)

• 문서철의 설정 수가 많아 번거롭지 않도록 문서량과 업무에 따라 유사한 기능끼리 통합하여 분류한다.

2 문서를 분류한다.
1) 대분류(1차 분류)
• 사규 업무분장상의 기본업무를 기준으로 분류한다.
• 업무의 중요도나 발생량과 관계없이 독립기능 업무를 넣어 분류한다.

> 본사 – 기획, 인사, 총무, 전산, 안전, 공무(토목/건축) 등
> 현장 – 공통, 공사, 공무, 시험, 자재, 총무, 안전, 경리 등

2) 중분류(2차 분류)
• 대분류를 세분한 주요 업무내용으로 분류한다.
• 대분류를 세분하여 업무의 중요도나 업무의 발생량을 고려하여, 발생 문서철의 수가 적은 업무는 다른 유사업무에 편입하여 분류한다.

> 일반/공통, 사업전략보고, 월차전략보고, 면허관리, 공사정보 등

③ 소분류(3차 분류)

- 중분류를 세분한 세부 업무내용으로 분류한다.
- 내용별, 종류별로 편철한 소파일을 구분한다.

> 대내문서접수, 대내문서발송, 대외문서접수, 대외문서발송 등

④ 분류코드를 기입한다.

- 대분류는 회사의 업무분장상 기본업무를 기준으로 분류하며, 각각의 대분류별로 코드를 부여한다.
- 중분류는 매 박스당 1개의 번호를 부여하는 것을 원칙으로 한다. 단, 박스를 2개 이상 사용 시 중분류 코드를 일치시킨다.

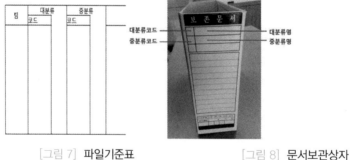

[그림 7] 파일기준표   [그림 8] 문서보관상자

5. 문서의 편철

가. 파일링 시스템의 종류

작업상 필요한 서류는 모두 파일링 시스템의 대상이지만 중요한 대상은 일반문서이다. 파일링 시스템 종류를 선택할 때, 성질에 맞는 방법을

따르는 것이 필요하지만 크게 다음과 같이 구분할 수 있다(West, 2002; 유희숙, 2008).

1) 수직적 파일링

수직적 파일링(vertical filing)은 서류를 홀더에 삽입하고 견출지를 위쪽으로 하여 캐비닛 서랍에 나란히 세워 놓는 방법이다. 일반적으로 말하는 파일링 시스템은 이 방법을 뜻한다. 서류를 세워서 정리하는 것보다 취급하기 편하고 찾기 쉬우며, 검색 수납이 편리하다.

[그림 9] 수직적 파일링 캐비닛 외부   [그림 10] 수직적 파일링 캐비닛 활용

2) 수평적 파일링

수평적 파일링(lateral filing)은 인기가 좋은 파일링 방식이다. 이 파일링 방식은 제한된 사무실 공간이 길고 좁은 경우에 적합하다. 수평적 파일링 캐비닛은 가로측 측면 접근이 가능하다. 수직적 파일링이나 오픈서반 파일링보다 비용이 다소 비싸기는 하지만, 공간 활용도가 높기 때문에 많이 사용한다.

3) 오픈 선반식 파일링

오픈 선반식 파일링은 문이 있는 캐비닛 대신 선반에 문서들을 오픈하여 보관하게 된다. 폴더들은 행으로 정렬되고, 쉽게 보고 검색할 수 있도록 측면에 탭을 이용하여 표시한다. 오픈 파일링 방식은 가장 저렴하고 공간을 적게 차지한다. 다만, 이 방식은 문서에의 접근 통제가 곤란하고, 화재나 물로 인한 손상으로부터 폴더들을 보호하지 못하는 단점을 지닌다. 이 시스템은 색상을 활용하여 구분하는 방식이 적합하다.

4) 박스 파일링

박스 파일링은 서류를 파일 박스에 넣어 캐비닛 또는 책장에 정리하는 보관방법으로 수직방법 또는 오픈방법의 겸용형태라고 할 수 있다. 장점만을 이용하여 만든 것이기 때문에 가장 효율적이라고 할 수 있다. 이 시스템에서는 보관에서 보존, 폐기까지의 작업이 편리하다.

[그림 11] 오픈 선반식 파일링

[그림 12] 박스 파일링

5) 기계식 선반 파일링

기계식 선반 파일링은 자동이므로 기존의 파일링 방식들과 다르다. 손으로 검색하는 것이 아니라 자동으로 검색한다. 수평적 혹은 수직적 선반 제작이 가능하며, 검색을 위한 섹터별 버튼을 설치하게 된다. 기계식 선반방식은 비기계화된 시설에 비해 경비가 많이 소요되고, 공간이 많이 필요로 하므로 사전에 신중하게 고려한 후 설치 여부를 결정해야 한다.

6. 문서 파일링의 용어 정의

문서 파일링의 용어는 〈표 11〉과 같다.

〈표 11〉문서 파일링의 용어

용어	내용
파일링의 소프트웨어	파일링에서의 소프트웨어는 분류이다. 분류하기 위한 골격을 세우는 작업이 '문서분류체계표' 수립이다.
파일링의 하드웨어	파일링의 하드웨어는 분류를 쉽게 하고 검색을 신속하게 하기 위해 사용하는 비품과 용품을 뜻한다. 비품은 2단 또는 4단 파일박스, 캐비닛, 책장, 책상 등 정보를 보관할 수 있는 집기류를 의미한다. 용품이란 정보의 개체들을 일정한 기준에 묶을 수 있도록 만든 파일류들인데 홀더, 바인더 등이 있다.
홀더(holder)	홀더는 원래 접는 사람, 접는 기구라는 뜻인데, 일반적으로 서류를 철하는 기구를 뜻한다.
조견표	홀더에 파일명을 써넣을 수 있도록 돌출된 부분이다.
화스너(fastner)	홀더에 부착시켜 문서를 편철하기 위한 용구이다.
파일	홀더에 문서를 편철해 놓은 것이다.
파일 에이드(aide)	파일을 담아놓은 종이로 만든 박스를 포함하여 책상, 캐비닛 등을 뜻한다.
보관	당해연도에 완결된 문서를 해당 부서에서 보존에 들어가기까지 관리하는 것을 의미한다.
이관	보관문서를 보존서고로 옮기기 위한 절차 및 행위를 뜻한다.
보존	보관기간이 만류된 문서를 보존서고로 옮겨 일정 기간 관리하는 것을 의미한다.
보존연한	문서를 적정한 기간 동안 관리하기 위하여 설정한 연한을 의미한다.
폐기	보존연한이 경과된 문서를 세단 또는 소각하여 버리는 것을 뜻한다.

7. 문서 파일링 비품의 종류

문서 파일링 비품의 종류는 〈표 12〉와 같다.

〈 표 12 〉 문서 파일링 비품의 종류

종류	내용
개방형 캐비닛	일반적인 문서나 자료 중 검색빈도가 비교적 높은 것을 보관한다.
잠금형 캐비닛	보안이 필요한 중요 문서 및 자료를 보관한다.
파일박스	소모품, 인쇄물, 공구 등을 보관한다.
슬라이딩 랙	사무실 보관문서 중 검색빈도가 비교적 낮은 것을 보관한다.
조립식 서가	법적, 제도적 요건에 따라 보존이 요구되나 검색빈도가 낮은 것을 보관한다.

문서 편철하기의 수행순서는 아래와 같다.

1 문서를 보관할 파일철을 준비한다.

 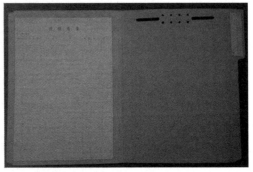

[그림 13] 파일철 표지 및 내부

2 폴더 라벨을 부착한다.

소속 부서	작성자
작성 연도	파일 NO.

보존연한 영구, 10, 5, 3, 1년 보존만기 년 월 일

[그림 14] 문서철 라벨

- 소속부서는 작성연도, 보존연한, 만기일자는 반드시 기재한다. 그 외 항목은 파일조견표상 기록되므로 기재하지 않아도 무방하다.
- 보존연한은 문서분류체계표와 동일하게 산정하여 해당연한에 동그라미로 표시한다.
- 폴더 내부 좌측의 문서목록표는 편철되는 문서의 순서대로 문서명 및 기타 참고사항을 기재한다. 다만, 편철되는 문서의 양이 150~200매 내외이므로 검색 시 불편을 주지 않는 범위 내에서 작성하지 않아도 무방하다.

3 문서를 편철한다.
- 편철은 좌철을 원칙으로 하되, 문서의 편의에 따라 상철도 가능하다.
- 편철하는 문서는 일단 처리가 완결된 것으로, 문서의 원본을 정확하게 철한다.
- 편철하기 전 문서의 규격, 첨부물을 확인하여 클립이나 핀을 제거한다.
- 참고자료와 같이 보존이 불필요한 문서는 폐기처리하고 편철하지 않는다.

- 처리 완결일자 순으로 최근 문서가 위에 오도록 편철한다.
- 연도별로 구분하되, 당해연도 외의 문서 중 양이 적을 때에는 합철도 가능하다.
- 1개 파일당 편철되는 문서의 양은 150매 내외(약 2cm)가 되도록 한다.

4 파일철 표지부에 문서제목 등의 필요사항을 기재한다.

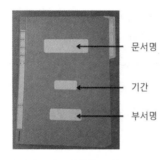

문서명

기간

부서명

[그림 15] **파일철 표지**

- '문서명'에는 문서제목을 기재한다.
- '기간'에는 문서의 생산연도(작성연도)와 보존종료 연도를 기재한다.
- '부서명'에는 부서명을 기재한다.
- 파일철 우측상단은 " 깎 폴더라벨"을 부착했을 경우에는 반드시 기재하지 않아도 무방하다.
- 원칙적으로 파일철 표지에 기재하는 문서명, 부서명, 기간은 번짐을 방지하기 위하여 반드시 유성펜으로 기재한다. 최근에는 PC로 작성하여 접착제를 사용하여 부착하는 경우가 많다.

분류 번호		생산 연도		보존 기간	
제목 (보존종료)		(. . 종료)			

[그림 16] **파일철 우측 상단표**

⑤ 파일철 세로 제목을 기재한다.

관리번호
생산연도
보존기간
분류번호
제목
부서명

[그림 17]
**파일철 세로
제목표**

- 관리 번호 : 문서분류표를 참고하여, 문서 관리 번호를 기재한다.
- 생산연도 : 문서의 생산연도를 기재한다.
- 보존기간 : 문서의 보존연한을 기재한다.
- 분류번호 : 문서분류표를 참고하여, 문서 분류번호를 기재한다.
- 제목 : 문서 제목을 기재한다.
- 부서명 : 부서명을 기재한다.

⑥ 문서보존상자(파일박스)를 준비한다.

⑦ 파일박스(문서보존상자)에 문서보관고 위치를 아래와 같이 표기한다.

[그림 18] **문서보존상자(파일박스)**

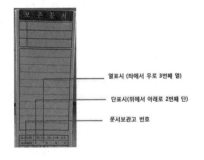

열표시 (좌에서 우로 3번째 열)

단표시 (위에서 아래로 2번째 단)

문서보관고 번호

[그림 19] **문서보존 상자 측면**

비즈니스 문서작성법

문서보관·보존하기

1. 문서보관

가. 문서의 보관

1) 보관문서와 보존문서

문서의 보관에는 사용 중인 문서와 사용이 끝나서 참고자료로 사용하기 위해 보관하거나 법정기한까지 보관하는 보존문서가 있다. 보존문서는 회사 즉, 중앙보관소에 보관하여 총무부에서 관리한다. 부서에서 자주 사용하는 공용문서는 부서보관소에서 보관 및 관리한다. 업무특성에 따라 개별사용이 필요한 업무문서는 사원 개인이 보관 및 관리한다.

2) 문서의 보관방법

문서의 보관방법은 집중식 관리, 분산식 관리, 절충식 관리 등의 세 가지 방법이 있다. 첫째, 집중식 관리는 기업의 총무부와 같이 문서 전담관리 부서에서 모든 문서를 보관하고 관리하는 방법이다. 분실의 우려가 없으며 어느 부서든지 이용이 가능하다는 장점이 있다. 반면에 이용절차가 복잡하고 시간이 오래 걸리는 것이 단점이다. 둘째, 분산식 관리는 각 부시에서 문서를 직접 관리한다. 장점으로는 부서 내 사람들은 수시로 쉽게 이용이 가능하다는 점이다. 단점으로는 다른 부서의 이용이 어려우며 문서의 분실 위험이 크다는 점이다. 셋째, 절충식 관리방법이다. 일정한도의 문서는 각 부서별로 분산 관리하고, 중요문서는 주관 부서에서 집중관리하는 방법인데, 정부나 대기업에서 주로 사용하는 방식이다.

3) 문서의 보관위치

문서 보관위치에 따라 중앙보관, 부서보관, 개별보관 등의 방법이 있다. 사용빈도가 낮은 문서는 중앙보관을 하고, 사용빈도가 높은 문서는 부서보관을 하고, 업무특성에 따라 특정인이 자주 사용하는 문서는 개별보관을 한다.

■ 중앙보관

사용빈도가 낮은 문서는 중앙보관을 한다. 전자문서의 경우 '서버'에 보관하는 것이 사용과 관리에 편리하다. 예컨대 경리장부와 생산일지 등과 같은 전자문서는 서버와 개별보관소에 동시에 보관하면 안전하게 보관할 수 있다.

■ 부서보관

부서에서 사용하는 공용문서 또는 업무문서를 부서나 부서의 서버에 보관하는 방법이다. 관리자는 부서장으로 중요문서를 제외하고 공용문서와 업무문서를 부서의 구성원이 자유롭게 이용할 수 있어야 한다. 단, 보안유지를 위해 사용과 보관은 부서장의 허가를 받은 직원이 한다.

■ 개별보관

개인이 사용하는 문서를 책상이나 개별서버에 보관하고 관리한다. 경리장부, 생산일지 등으로 매일 업무종료 후 부서보관소 또는 중앙보관소의 서버에 복사본을 보관한다.

4) 종이문서의 보관

종이문서의 보관은 보존문서는 중앙보관소, 공용문서는 부서보관소, 업무문서는 개별보관이 일반적이다.

5) 전자문서의 보관

전자문서는 보관서버를 운영하는 주체가 '중앙, 부서, 개인'으로 분류하여 보관할 수 있다. 회사의 규모에 따라 전자문서를 부서에서 보관하는 경우도 있으나, 전자문서의 가장 이상적인 보관방법은 '서버'에 보관하는 중앙보관 방법이다.

나. 문서의 보존

1) 문서의 보존기간

문서의 보존기간은 법률적으로 보존기간이 명시된 문서와 법적 의무와 관계없이 활용도에 따라 보존기간이 정해지는 문서로 나눌 수 있다. 보통 사내의 문서관리규정에 따라 보존기간이 명시된 경우가 대부분이다. 법정문서 보존기간에 해당하는 문서는 당연히 보관해야 하나, 그 외의 문서는 불필요하게 보존기간이 길게 되어 있거나 활용가치가 없어진 문서의 활용가치를 분석하여 문서의 보존기간을 조정해야 한다.

2) 문서의 보존기간 설정의 원칙

- 법률상(상법, 법인세법, 근로기준법 등) 보존연한을 준수한다.
- 보존연한은 가능한 최단기간으로 설정한다.
- 보존연한의 최종 결정권은 당해 부서장이 담당한다.
- 보존연한의 대상문서를 구체적으로 지정한다.
- 기타 문서는 과거활용빈도를 참고하여 결정한다.
- 보존문서 중 보존기간이 만료된 문서는 계속 보존여부를 재검토 후 폐기처분한다.

〈 표 13 〉 법정문서 보존기간

문서	근거법령	기간
1. 상업장부, 영업에 관한 서류 예) 회계장부, 재무상태표	상법 제33조, 제266조	10년
1. 영수증, 계산서, 세금계산서 2. 지출증빙서류 3. 기부금영수증 4. 재무제표, 대차대조표, 손익계산서 5. 기타 거래관련 서류	법인세법 제116조, 제112조, 제112조의2	5년
1. 근로계약서 2. 임금대장 3. 임금의 결정, 지급방법과 임금계산의 기초에 관한 서류 4. 고용, 해고, 퇴직에 관한 서류 5. 승급, 감급에 관한 서류 6. 휴가에 관한 서류 7. 근로관련 승인, 인가, 합의, 증명 서류	근로기준법 제42조 근로기준법 시행령 제22조	3년
1. 재해보상에 관한 서류	근로기준법 제91조	2년

3) 보존연한의 종류

- 문서의 보존연한은 중요도에 따라 보관한다. (수시, 1년, 3년, 5년, 10년, 영구)
- 수시로 폐기하는 기준은 일람 후 폐기, 실행 후 폐기를 원칙으로 한다.
- 보존연한 중 3년, 5년, 10년, 영구보존은 파일단위이고, 기타는 서류단위로 구분한다.

〈 표 14 〉 문서 보존연한

문서	기간
1. 회사의 존립상 기본 규정에 해당되는 문서 2. 이사회, 주주총회, 임원회의에 관한 중요문서 3. 등기, 소송 및 지적재산권에 관한 문서 4. 중요한 인·허가서 및 계약서 5. 법률상 영구보존으로 지정된 문서	영구
1. 사업계획, 신규투자계획, 결산서 등 회사의 사업실적에 관한 서류 2. 법률상 10년으로 지정되어 있는 문서 및 인사관련 서류 3. 시험, 검사기록 관련 서류	10년
1. 예산에 관한 문서 2. 감사 관계문서 3. 국세, 지방세 등 조세에 관련된 문서 4. 법률상 5년으로 지정되어 있는 문서	5년
1. 노동법에 의한 보존문서 2. 주요업무계획 관련문서 3. 법률상 3년으로 지정되어 있는 문서 4. 협조전, 대외공문 등 협조문서 5. 교육훈련일지	3년
1. 통상의 서류 및 장표 단, 보존기간에 해당하는 문서라도 그 보존기간이 법률로 정해진 문서는 예외로 한다. 2. 정본과 부본이 있을 경우, 부본은 업무상의 필요에 따라 가급적 단기간을 적용한다.	1년
1. 고객이 보존연한을 별도로 지정한 문서는 고객요구기간 + 1년을 보존함	기타

다. 문서의 이관

활용가치가 적어진 문서를 보존함이나 문서보존과로 옮기는 작업을 문서의 이관이라 한다. 통상 문서작성 부서는 매년 초 보관기간이 만료된 문서의 홀더를 발췌하여 보존 캐비닛으로 이관한다. 이관은 활용빈도가 적은 문서들로 인해 사무실 공간이 협소해지는 것을 방지해 주며, 보관함 내에 항상 활용가치가 높은 정보나 자료들만을 보관할 수 있게 해줌으로써 활용빈도가 높은 문서들을 원활하게 검색하고 이용할 수 있도록 한다. 단, 문서의 보관기간 중 매수가 많은 일지, 거래명세표 등은 보관상황을 고려하여, 부서장의 판단하에 보관기간 전에 보존장소에 이관할 수 있다.

2. 문서 폐기 및 보안사항 준수

가. 문서의 폐기

해당부서(팀)에서 보존하는 보존기간 3년 이하의 문서철은 보존기간이 경과할 때 폐기 여부를 결정한다. 문서보존실에서 보존 중인 문서 중 영구, 준영구를 제외한 일반문서는 보존기간이 경과할 때 '보존문서관리대장'에 폐기일자를 적색으로 기록하고 부서(팀)장의 결재 후 폐기할 수 있다. 조직 내부에서 생성된 문서의 사본은 업무처리가 완결되면 폐기한다. 문서를 폐기할 때에는 문서세단기를 많이 사용하며, 이는 문서를 읽을 수 없도록 작은 조각으로 부수는 장치로 문서내용의 유출을 막을 수 있다. 문서세단기는 문서가 들어가는 입구에 문서를 파쇄하는 절단장치가 장착되어 있고, 파쇄된 문서를 모으는 통으로 구성되어 있다.

〈 표 15 〉 보존문서 관리대장

일련 번호	보존기간	생산연도	수량			폐기일자	비고
			제목	건수	매수		
1							
2							
3							

나. 보안사항 준수

문서를 수발신하는 경우, 문서의 보안유지와 위조, 변조, 분실, 훼손 및 도난 방지를 위한 주의를 기울여야 한다. 또한, 전자문서 결재 시 내용이 보안사항이거나, 보안사항이 아니더라도 누설될 경우 국가안전보장, 질서유지, 경제안정, 기타 국익을 해할 우려가 있거나, 회사의 경영상 필요하다고 인정되는 사항은 문서에 '암호표시'를 하여 보안을 유지하도록 한다. 특히, 비밀번호는 문서보호 및 보안유지를 위하여 수시로 변경한다.

문서폐기와 보안사항 준수에 대한 수행순서는 다음과 같다.

① 문서를 분류하고 폐기한다.
  • 해당 부서(팀)에서 보관하는 문서 중, 보존기간 3년 이하의 문서철을 찾는다.
  • 찾은 문서 중 보존기간이 경과한 경우 해당 부서장으로부터 폐기여부를 확인한다.
  • 폐기할 문서를 분류한다.
  • '보존문서관리대장'에 폐기일자를 적색으로 기록한다.

• 기록한 내용을 해당 부서장의 결재를 받아 폐기한다.

일련번호	보존기간	생산연도	문서철			폐기일자	비고
			제목	전수	매수		

[그림 20] 보존문서관리대장

• 문서를 폐기할 때는 업무가 완결되어 폐기해도 괜찮은지 확인한다.

• 폐기되는 문서에는 그 표지에 '폐기'인을 날인한다.

• 보안이 필요한 문서는 문서세단기로 폐기한다.

• 문서세단기 사용 시 정해진 용량을 초과하여 사용하면 고장이 발생할 수 있으므로 주의한다.

• 보안을 요하지 않는 폐기문서는 재생 활용할 수 있다.

2 보안사항을 준수한다.

• 문서를 수발신하는 과정에서 문서담당자는 주의 깊은 관찰력으로 위조, 손실, 분실 등이 발생하지 않도록 주의를 기울여야 한다.

• 전자문서의 보안 유지를 위해 비밀번호를 수시(2주 단위)로 변경한다.

• 비밀번호를 변경할 때에는 특수문자를 사용해서 보안을 유지할 수 있도록 한다.

> 안전한 비밀번호 : rlacjftn(김철수) + *9823
> 최악의 비밀번호 : 123456

• 전자문서 결재 시 중요한 문서나 필요하다고 인정되는 경우 '암호'표시를 하여 보안을 유지할 수 있도록 한다.

비즈니스 문서작성법

03

문서작성

비즈니스 문서작성법

I

문서작성

1. 문서작성의 기본 원칙

문서는 전달하고자 하는 내용이 정확하게 표현되도록 작성되어야 한다. 문서의 목적에 맞춰 자료 조사를 한 다음 정확한 내용을 정리하고, 문서 발송대상을 고려하여 쉽고 간결하게 내용을 작성한다. 또한, 발송기한에 맞춰 작성해야 한다. 문서작성의 기본 원칙은 다음과 같다.

첫째, 내용을 정확하게 정리한다. 문서작성에 있어 가장 중요한 요소는 정확성이다. 전달하고자 하는 목적에 맞춰 정확한 데이터를 토대로 표현한다. 표현의 정확성은 적절한 용어 사용, 맞춤법 확인, 사실에 대한 정확한 기록 등을 의미한다.

둘째, 내용을 쉽게 정리한다. 작성한 문서는 누가 읽어도 이해할 수 있는 수준이어야 한다. 따라서, 이해하기 쉬운 단어를 사용하고 앞뒤 문맥에 맞는 적절한 용어를 사용해야 한다. 또한, 사내/외 문서의 경우 간결하게 핵심부분만 명확하게 작성해야 한다. 기업이나 기관에서 하루에 처리되는 문서가 매우 많으므로 제목만 보더라도 쉽게 어떤 내용인지 확인할 수 있어야 하며, 내용은 짧은 시간 내에 이해할 수 있도록 작성하는 것이 중요하다. 이해하기 쉬운 문서를 작성하기 위한 요령은 다음과 같다.

- 긍정문으로 작성한다. 부정문이나 의문문이 섞여 있으면 뜻을 잘못 이해할 수 있다.
- 문장은 간결하게 작성한다. 계속 연결해서 한 문장을 길고 장황하게 작성하기보다는 가급적 단락 나누기를 통해 가독성이 좋게 작성한다.
- 가급적 한글로 작성하되 외국어로 작성해야 할 경우 명확한 해석을 첨부하는 것이 필요하다.
- 한 번 읽으면 내용의 취지를 이해할 수 있도록 간단한 표제를 붙인다. 적절한 표제를 통해 상대방에게 전하고자 하는 취지를 효과적으로 전달할 수 있다.
- 결론을 먼저 작성하는 것도 좋다. 문서를 끝까지 읽지 않더라도 어떤 의미인지 짧은 시간 내에 해석할 수 있다.
- 마지막으로, 정해진 기간 내에 작성한다. 표준화된 양식이나 예문, 그림, 서식 등을 미리 정리하여 활용하면 문서작성 시간을 절약할 수 있다.

Ⅱ

문서작성방법

1. 기안문 요소별 작성방법

기안문서의 요소에 따라 다음의 사항을 참고하여 작성한다(이종두, 2010).

- 글자는 기본적으로 한글로 작성하되, 정확한 해석이 필요한 경우 괄호 안에 외국어를 추가하여 설명을 명확하게 한다. 맞춤법과 띄어쓰기 등을 검토하는 것은 문서 쓰기의 기본이다.
- 숫자의 경우 기본적으로 아라비아 숫자로 표기하되, 수를 세는 단위와 함께 쓸 때는 한글로 간단히 표기하는 것도 가능하다(예: 첫째, 둘째, 한 번, 두 번 등).
- 날짜의 경우 숫자로 표기하되 연도, 월, 일 사이에 온점(.)을 찍어 표기한다. 예) 2025년 5월 20일 → 2025. 5. 20.
- 시간을 표기할 때는 시와 분 사이에 쌍점(:)을 찍는다.
  예) 오후 2시 40분 → 14:40
- 금액을 표기할 때는 아라비아 숫자 및 한글로 금액을 표기한다.
  예) 일금45,678원정 → 일금사만오천육백칠십팔원정

2. 기안문 흐름별 작성방법

가. 기안문의 흐름

일반문서 중 기안문과 시행문은 크게 두문, 본문, 결문 등의 세 부분으로 다음과 같이 구성한다.

- 두문은 기관명, 수신자로 한다.
- 본문은 제목, 내용, 붙임으로 한다.
- 결문은 발신명의, 기안자, 검토자, 협조자, 결재권자의 직위 또는 직급 및 서명, 문서의 생산등록번호와 시행일자, 문서의 접수등록번호와 접수일자, 행정기관의 우편번호, 주소, 홈페이지 주소, 전화번호, 전송번호, 담당자 개인의 공식적인 전자우편 주소 및 공개 구분으로 한다.

나. 두문 작성방법

- 기관명: 기관명은 해당 문서를 생산한 기관의 명칭을 말하며 기안자가 소속된 기관의 명칭을 쓴다.
- 로고/상징 표시: 기관의 로고는 왼쪽 상단에, 상징은 오른쪽 상단에 작성한다.
- 수신의 표시: 문서의 두문 중 수신의 표시는 수신자를 쓰고 괄호 안에 처리할 사람을 쓰는 것이 일반적이다. 수신자가 개인인 경우에는 성명과 주소를 함께 기재하고 수신자가 기관이나 단체인 경우에는 기관장 또는 대표자의 직명을 기재한다.

  예) 수신자 김철수 (우 ○○○○○ 서울시 ○○구 ○○○~)

  예) 수신자 외교부 (인사담당 과장)

다. 본문 작성방법

■ 제목

제목은 그 문서의 내용을 함축하여 나타내는 문구로서 문서의 내용을 쉽게 이해할 수 있도록 쉬운 용어로 간단하고 명확하게 표시하여야 한다. 제목을 작성할 때 제목 끝에 문서의 성격을 쉽게 알 수 있도록 의뢰, 조사, 통보 등의 함축적이고 간단한 용어를 사용하는 것이 바람직하다.

■ 내용

문서의 내용은 수신자가 전달하고자 하는 내용을 신속하고 명확히 알 수 있도록 누구나 이해하기 쉽고 간결한 표준어로 상황에 적절한 표현을 해야 한다. 문서의 내용이 긴 경우에는 서술식보다는 항목으로 구분하여 알아보기 쉽게 하는 것이 보다 효과적이다.

■ 붙임의 표시

문서에 첨부되는 건이 있는 경우 본문이 끝난 다음 줄에 붙임의 표시를 한다.

(본문 내용)··
·································요청드립니다.

붙임 1. OOOO 중장기 전략 보고서 1부
2. OOOO 실적보고서 1부
3. 주요 업무 결과 보고서 1부. 끝

[그림 21] 붙임표시의 예시

■ 항목의 구분

문서의 내용을 둘 이상의 항목으로 구분하여 작성할 때에는 다음과 같은 순서로 표시한다.

- 첫째 항목 : 1., 2., 3., 4 ······
- 둘째 항목 : 가, 나, 다, 라 ······
- 셋째 항목 : 1), 2), 3), 4) ······
- 넷째 항목 : 가), 나), 다), 라) ······
- 다섯째 항목 : (1), (2), (3), (4) ······
- 여섯째 항목 : (가), (나), (다), (라) ······
- 일곱째 항목 : ①, ②, ③, ④ ······

라. 결문 작성방법

■ 발신 표시

문서는 행정기관 또는 행정기관의 장(長)의 명의로 발신한다.

■ 끝 표시

붙임이 없는 문서는 본문 내용의 마지막 글자로부터 한 자를 띄우고 '끝'자를 쓴다.

(본문 내용)·····································요청드립니다. 끝

붙임이 있는 때에는 붙임의 표시문 끝에 한 자를 띄우고 '끝'자를 쓴다.

(본문 내용)·····································요청드립니다. 붙임. 사업계획서 1부. 끝

[그림 22] '끝' 표시(붙임이 있는 경우)의 예시

04

CHAPTER

한글 문서 작성하기

비즈니스 문서작성법

I

기본 문서 작성하기

1. 문서마당 이용하여 새 문서 만들기

1️⃣ [파일] 탭 – [문서마당](Ctrl+Alt+N)을 선택한다. [문서마당] 대화상자
가 열리면 [문서마당 꾸러미] 탭에서 꾸러미 종류를 고르고 원하는
서식 파일을 선택한 다음 [열기]를 클릭한다. 여기에서는 [공공기관
문서]의 [국내출장신청서] 서식 파일을 선택한다.

2️⃣ 문서작성 시 저장을 하기 위해 [파일] 탭 – [저장하기](Alt+S)를 선택
하거나 서식 도구 상자에서 [저장하기] 도구(💾)를 클릭한다. 시스템
오류로 프로그램이 다운될 경우를 대비하여 문서작성 시 수시로 저
장을 누른다.

③ [다른 이름으로 저장하기] 대화상자가 열리면 문서를 저장할 경로로 '문서' 폴더를 선택하고 '파일 이름'에 저장할 파일명을 입력한 다음 [저장]을 클릭한다. 여기서는 「바탕화면」을 선택하고 파일명은 「국내 출장신청서(김철수, 2022-10-24)」를 입력한 후 [저장]을 클릭한다.

④ 문서작성을 완료한 다음 [문서 닫기] 단추(✖)를 클릭하거나 [파일] 탭 – [문서 닫기](Ctrl+F4)를 선택하여 작성한 문서를 닫는다.

⑤ 저장된 문서가 열리는지 확인한다.

⑥ 작성한 문서의 '암호 설정'이 필요할 경우 [보안] 탭 – [문서 암호 설정]을 클릭한다. 이때, 암호는 다섯 글자 이상으로 설정할 수 있으며 암호가 설정된 문서는 암호를 정확하게 입력해야 문서를 열 수 있다.

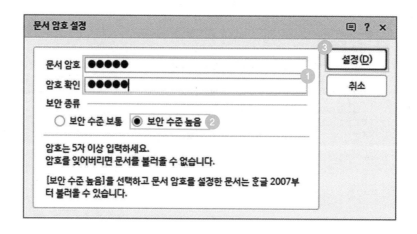

2. 한자 입력하고 변환하기

※예제파일: 한자 입력하고 변환하기_예제, ※결과파일: 한자 입력하고 변환하기_결과

1 한자를 입력하려면 변환할 내용을 한글로 입력한 다음 한자로 변환해야 한다. '분식'에서 '분' 뒤에 커서를 올려놓고 [한자] 또는 [F9]를 누른다. [한자로 바꾸기] 대화상자가 열리면 원하는 한자를 찾아 선택하고 [바꾸기]를 클릭한다.

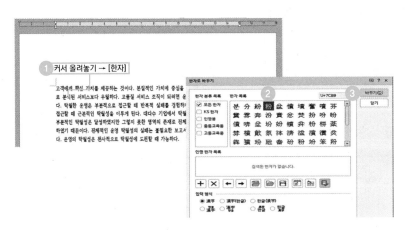

2 동일한 방법으로 '식'도 한자로 변환한다.

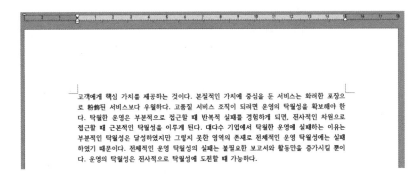

③ 한글 단어를 입력한 다음 드래그하여 선택하거나 단어의 끝에서 커서를 올려놓고 [한자] 또는 [F9]를 누른다. 여기서는 '분식'을 드래그하여 선택한 다음 [한자]를 눌러 [粉飾]으로 변경한다.

④ '분식' 뒤에 커서를 올려놓고 [한자] 또는 [F9]를 누른다.

5 한자의 발음표시가 필요한 경우 한자를 드래그하여 선택하고 [보기]
탭 - [한자 발음 표시]를 클릭하면 한자의 발음만 알 수 있다. 그러
나 이것은 화면에는 표시되지만 인쇄되지는 않는다. 한자 발음 표시
도 인쇄하려면 [인쇄] 대화상자의 [확장] 탭에서 '선택 사항'의 [한자
발음 표시]에서 체크한 다음 [인쇄]를 클릭한다.

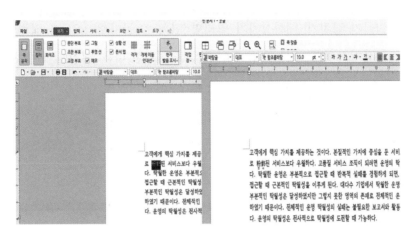

6 한자가 입력된 부분을 모두 드래그하여 선택하고 [편집] 탭 - [글자
바꾸기] - [한글로 바꾸기](Alt+F9)를 선택한다.

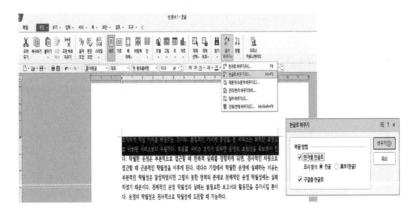

3. 특수문자 입력하고 글자 겹치기

※특수 문자 입력하고 글자 겹치기_예제. ※결과파일: 특수 문자 입력하고 글자 겹치기_결과

1 특수문자를 입력할 단어 앞에 커서를 올려놓고 [입력] 탭 – [입력 도우미] – [글자 겹치기]를 선택한다.

2 [글자 겹치기] 대화상자가 열리면 '겹쳐 쓸 글자'에 「81」을 입력하고 '겹치기 종류'에서 첫 번째 원 모양을 선택한 다음 [넣기]를 클릭한다.

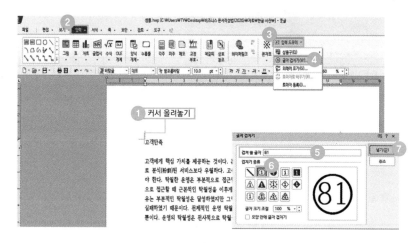

참고

문자표 선택 시 [입력] 탭 – [문자표] 또는 [Ctrl] + [F10]을 누른다.

4. 블록 설정 및 편집하기

※예제파일: 블록 설정 및 편집하기_예제. ※결과파일: 블록 설정 및 편집하기_결과

1️⃣ 이동을 원하는 단락을 드래그해서 블록 설정을 하고 [편집] 탭 − [오려두기]([Ctrl] + [X])를 클릭한다. 이때, [복사하기]([Ctrl] + [C])를 선택하면 이동이 아닌 복사하기가 실행되므로 주의한다.

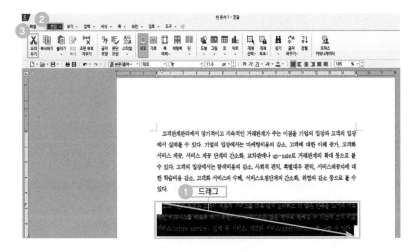

2️⃣ 원하는 위치에 커서를 올려놓고 [편집] 탭 − [붙이기]([Ctrl] + [V])를 클릭하여 잘라낸 내용을 붙여넣는다.

5. 문단 정렬방식 변경 및 여백 지정하기

※예제파일: 문단 정렬방식 변경 및 여백 지정하기_예제, ※결과파일: 문단 정렬방식 변경 및 여백 지정하기_결과

1 본문 여백과 들여쓰기를 변경하기 위해 '※ 비포 서비스'부터 마지막 문단까지 드래그하여 블록 설정한 다음 [편집] 탭 – [문단 모양]([Alt] + [T])을 클릭한다.

2 [문단 모양]의 대화상자가 열리면 [기본] 탭의 '여백'에서 '왼쪽'과 '오른쪽'에 각각 [20pt]를 지정한다. '첫 줄'에서 [내어쓰기]를 선택하고 값을 [15pt]로 지정한 다음 [설정]을 클릭한다.

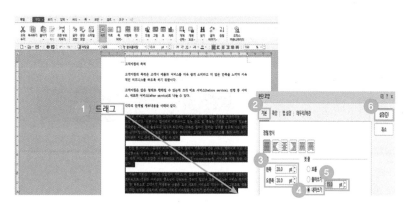

3 '고객지원의 목적'부터 4개의 문단을 드래그하여 블록 설정을 한다. 눈금자의 [첫 줄 시작 위치] 표식(▽) 위에 마우스 포인터를 올려놓고 오른쪽으로 드래그한다. 여기서는 눈금을 [1]까지 드래그한다.

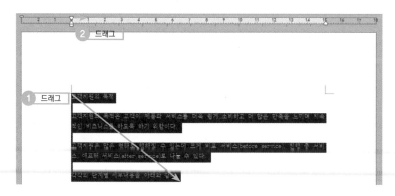

④ 각 문단의 들여쓰기 간격을 확인한다.

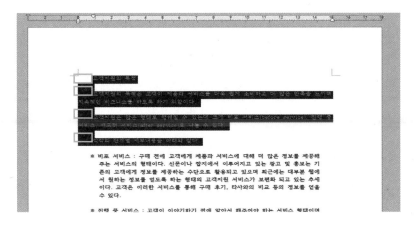

6. 찾아 바꾸기로 텍스트 한번에 수정하기

※예제파일: 찾아 바꾸기로 텍스트 한번에 수정하기_예제. ※결과파일: 찾아 바꾸기로 텍스트 한번에 수정하기_결과

1️⃣ '고객지원'을 '고객 지원'으로 띄어쓰고 밑줄과 진하게 표시로 변경하기 위해 [편집] 탭 – [찾기]를 클릭하고 [찾아 바꾸기]([Ctrl] + [H])를 선택한다.

2️⃣ [찾아 바꾸기] 대화상자가 열리면 '찾을 내용'에는 「고객지원」을, '바꿀 내용'에는 「고객 지원」을 입력한다. '바꿀 내용'의 [서식 찾기] 단추를 클릭하고 [바꿀 글자 모양]을 선택한다.

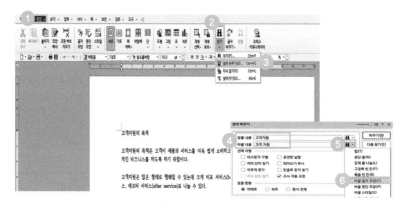

3️⃣ [글자 모양] 대화상자가 열리면 [기본] 탭을 선택하고 '속성'에서 [진하게]와 [밑줄]을 클릭한 다음 [설정]을 클릭한다.

4️⃣ [찾아 바꾸기] 대화상자로 되돌아오면 '찾을 방향'에서 [문서 전체]를 선택하고 [모두 바꾸기]를 클릭한다. 바꾸기 실행 결과 창이 열리면 [확인]을 클릭하고 [찾아 바꾸기] 대화상자에서 [닫기]를 클릭한다.

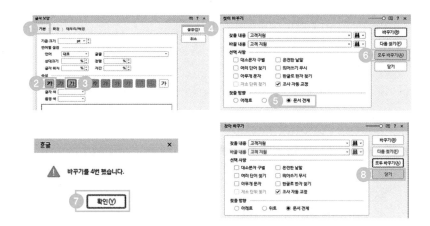

5 '고객지원'이 '고객 지원'으로 일괄 변경되면서 동시에 '밑줄'과 '진하게'로 설정되었는지 확인한다.

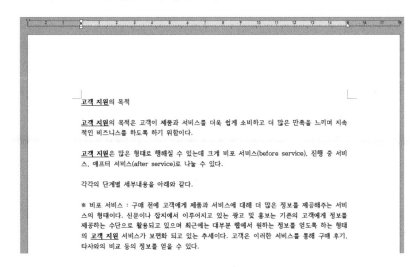

7. 문단 모양 꾸미고 모양 복사하기

※예제파일: 문단 모양 꾸미고 모양 복사하기_예제, ※ 결과파일: 문단 모양 꾸미고 모양 복사하기_결과

1 '※ 비포 서비스' 문단을 드래그하여 블록 설정을 하고 [편집] 탭 − [문단 모양]([Alt] + [T])을 클릭한다.

2 [문단 모양] 대화상자가 열리면 [테두리/배경] 탭에서 다음과 같이 지정한 다음 [설정]을 클릭한다.

> · 테두리 − 종류 : 이중 실선, 굵기 : 0.5mm, 색 : 빨강(RGB: 255,0,0), 모든 테두리 지정
> · [문단 테두리 연결] 체크
> · 간격 : 왼쪽, 오른쪽, 위쪽, 아래쪽

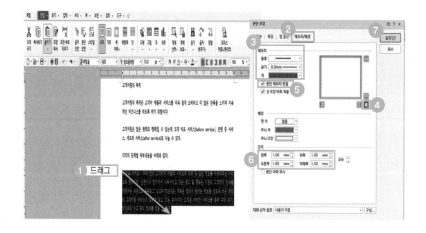

3️⃣ [ESC]를 눌러 블록 설정을 해제하고 문단의 테두리 안쪽에 커서를 올려놓은 후 [편집] 탭 − [모양 복사]([Alt] + [C])를 클릭한다. [모양 복사] 대화상자가 열리면 '본문 모양 복사'의 [글자 모양과 문단 모양 둘 다 복사]를 선택하고 [복사]를 클릭한다.

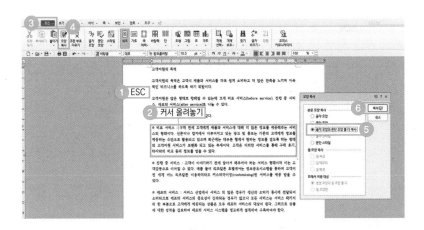

4️⃣ 문단의 모양을 적용할 대상인 문단을 모두 블록 설정하고 [편집] 탭 − [모양 복사]([Alt] + [C])를 클릭하여 복사한 문단의 글자 모양과 문단 모양을 그대로 복사한다.

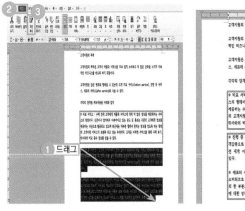
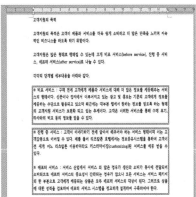

8. 탭 설정하기

※예제파일: 탭 설정하기_예제, ※ 결과파일: 탭 설정하기_결과

☐ '3. 제출서류'의 1)부터 4)까지 드래그하여 블록 설정하고 [편집]
탭 - [문단 모양]([Alt] + [T])을 클릭한다.

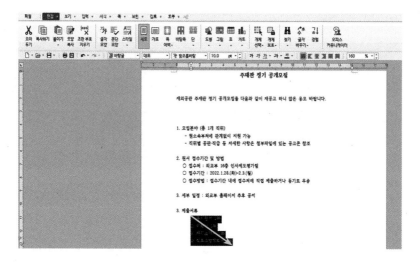

② [문단 모양] 대화상자가 열리면 [탭 설정] 탭에서 '탭 종류'는 [오른쪽],
'채울 모양'은 [점선], '탭 위치'는 「350pt」로 입력하고 [추가]를 클릭한
다. '탭 목록'에 오른쪽 탭이 추가되면 [설정]을 클릭한다.

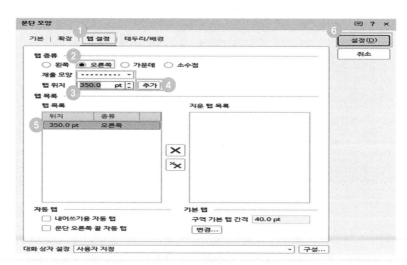

3 탭을 지정한 1) 항목의 '1부' 앞에 커서를 올려놓고 [Tab]을 누른다. 탭 사이가 점선으로 채워지면서 '1부'는 줄이 끝으로 이동하여 오른쪽 정렬되었는지 확인한다.

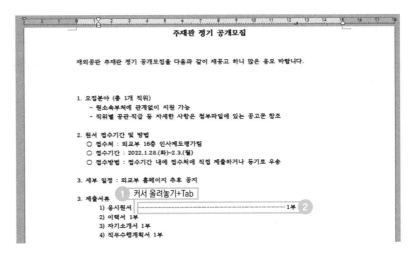

4 동일한 방법으로 2)부터 4)까지 '1부' 앞에서 [Tab]을 눌러 점선을 채우면서 오른쪽 정렬을 한다.

참고 ▶ 눈금자에서 탭 설정하기

눈금자에서 마우스 우클릭을 하면 탭의 종류와 위치를 바로 설정할 수 있다.

• 왼쪽 탭으로 이동한 텍스트가 지정한 위치에 왼쪽 정렬된다.
• 오른쪽 탭으로 이동한 텍스트가 지정한 위치에 오른쪽 정렬된다.
• 가운데 탭으로 이동한 텍스트가 지정한 위치에 가운데 정렬된다.
• 소수점 탭으로 이동한 숫자가 지정한 위치에 소수점을 기준으로 정렬된다.

비즈니스 문서작성법

Ⅱ

고급문서 작성하기

1. 문단 번호와 수준 지정하기

※예제파일: 문단 번호와 수준 지정하기_예제, ※결과파일: 문단 번호와 수준 지정하기_결과

1 문단 번호를 지정할 '원서 접수기간 및 방법' 범위를 블록 설정하고 [서식] 탭 – [문단 번호]의 내림 단추를 클릭한 다음 [1. 가. 1) 가)]를 선택한다.

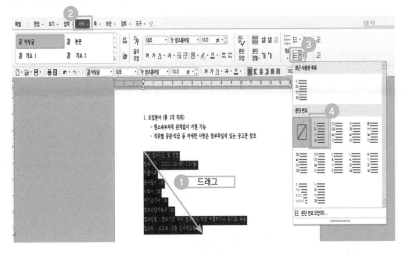

② 문단 전체에 문단 번호가 순서대로 지정되었는지 확인한다. '원서 접수기간 및 방법' 아래의 모든 문단의 수준을 변경하기 위해 '2'부터 '8'까지 드래그하여 선택하고 [서식] 탭 – [한 수준 감소]([Ctrl] + [NumLock] + [+])를 클릭한다.

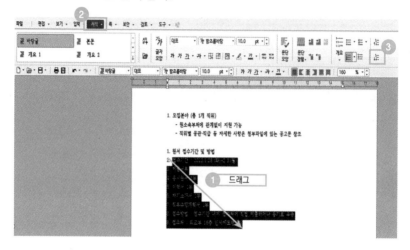

③ 동일한 방법으로 '제출서류' 아래의 6줄을 드래그하여 선택하고 [서식] 탭 – [한 수준 감소]를 클릭한다.

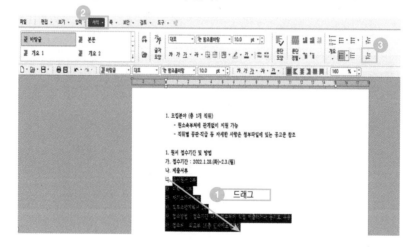

④ 문단 번호와 수준이 완성된 목록을 확인한다.

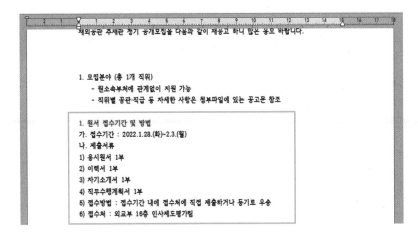

2. 문단 시작 번호 지정하고 변경하기

※예제파일: 문단 시작 번호 지정하고 변경하기_예제, ※결과파일: 문단 시작 번호 지정하고 변경하기_결과

1 '1. 원서 접수기간 및 방법'에 커서를 올려놓고 [서식] 탭 – [문단 번호]의 내림 단추를 클릭한 다음 [문단 번호 모양]을 선택한다. [문단 번호/글머리표] 대화상자가 열리면 [1수준의 시작 번호]에 「2」를 입력하고 [설정]을 클릭한다.

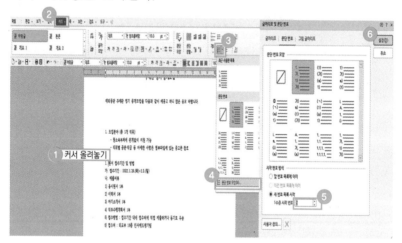

2 시작 번호가 '2'로 변경되었는지 확인한다.

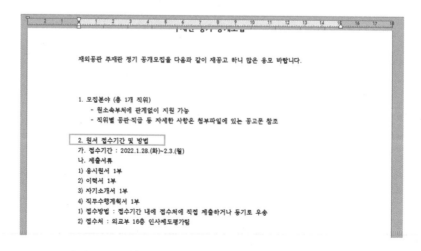

3. 개요 기능 이용하여 문단 정리하기

※예제파일: 개요 기능 이용하여 문단 정리하기_예제, ※결과파일: 개요 기능 이용하여 문단 정리하기_결과

③ '1. 채용개요' 목록 전체를 드래그하여 선택하고 [서식] 탭 − [개요]를 클릭한 다음 [1. 가. ▶ (1)]을 선택한다.

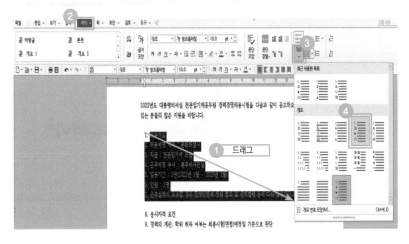

④ 「1」과 동일한 방법으로 아래 방향의 모든 문단에 각각 같은 개요 형식을 지정한다.

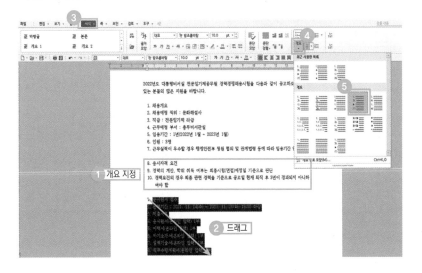

5 '1. 채용개요' 아래쪽의 문단을 드래그하여 선택하고 [서식] 탭 − [한 수준 감소]를 클릭한다.

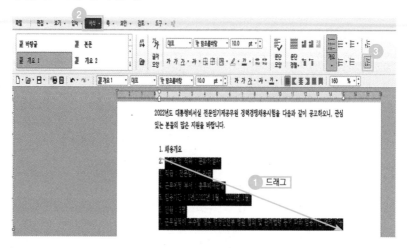

6 「3」과 동일한 방법으로 '2. 응시자격 요건'과 '3. 응시원서 접수' 아래쪽 목록도 [한 수준 감소]로 수준을 변경한다.

7 '나. 제출서류' 아래의 다섯 줄을 선택하고 다시 [서식] 탭 − [한 수준 감소]를 클릭하여 3수준의 분단으로 개요를 지정한다.

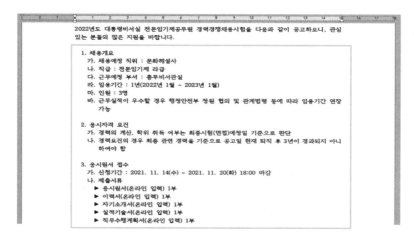

4. 쪽 배경과 테두리 지정하기

※예제파일: 쪽 배경과 테두리 지정하기_예제, ※ 결과파일: 쪽 배경과 테두리 지정하기_결과

1️⃣ [쪽] 탭 −[쪽 테두리/배경]을 클릭하여 [쪽 테두리/배경] 대화상자를 열고 [테두리] 탭에서 테두리의 '종류'는 [실선], '굵기'는 [0.5mm]로 지정한다. 테두리의 [위쪽] 단추와 [아래쪽] 단추를 클릭하여 테두리를 표시하고 '위치'에서 [왼쪽, 오른쪽, 위쪽, 아래쪽을 5.0mm]로 지정한다. 이때 쪽 테두리 위치 입력은 [Tab]을 활용하면 편리하다.

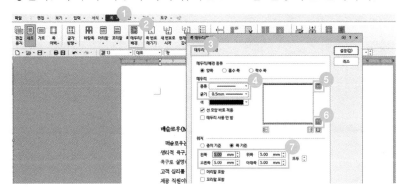

2️⃣ [배경] 탭을 클릭하고 '채우기'에서 [그러데이션]을 선택한다. '시작 색'은 [하양(RGB: 255,255,255)], '유형'은 [가로], '끝 색'은 [남색(RGB: 58,60,132)]을 선택한 다음 [설정]을 클릭한다.

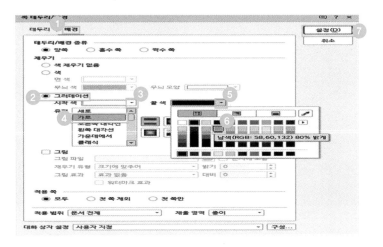

③ 쪽 배경색과 쪽 위, 아래로 테두리가 지정되었는지 확인한다.

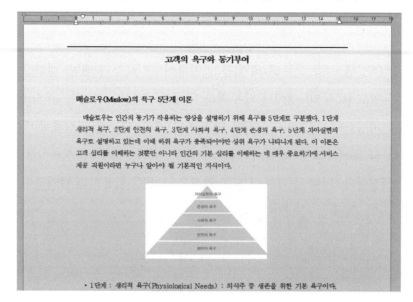

5. 머리말/꼬리말 지정하기

※예제파일: 머리말꼬리말 지정하기_예제, ※결과파일: 머리말꼬리말 지정하기_결과

1 [쪽] 탭 – [머리말]을 클릭하고 [머리말/꼬리말]([Ctrl] + [N], [H])을 클릭한다. [머리말/꼬리말] 대화상자가 열리면 '종류'에서 [머리말]을 선택하고 [만들기]를 클릭한다.

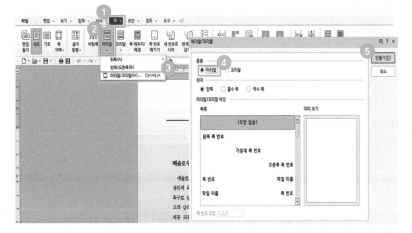

2 '머리말' 영역에 커서가 나타나면 서식 도구 모음에서 [오른쪽 정렬] 도구를 선택하여 오른쪽으로 이동한 다음 '글꼴'은 [견명조], '글자 크기'는 [12pt], [진하게], [빨강(RGB: 255,0,0)]을 선택한 다음 「서비스경영론」을 입력한다.

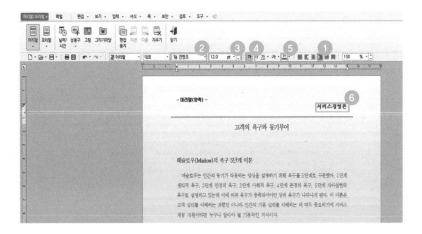

③ 동일한 방법으로 꼬리말의 '글꼴'은 [한컴바탕], "글자 크기"는 [12pt], [진하게], [파랑(RGB: 0,0,255)], [오른쪽 정렬]을 선택한 다음 [이지은]을 입력한다. 꼬리말이 입력되었는지 확인하고 [머리말/꼬리말] 탭 – [닫기]를 클릭한다.

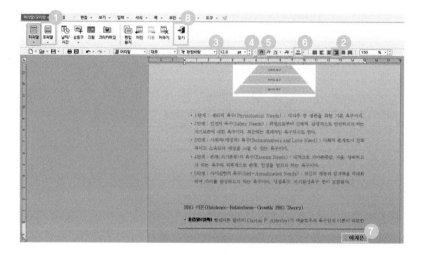

④ 매 페이지마다 머리말과 꼬리말이 입력되었는지 확인한다.

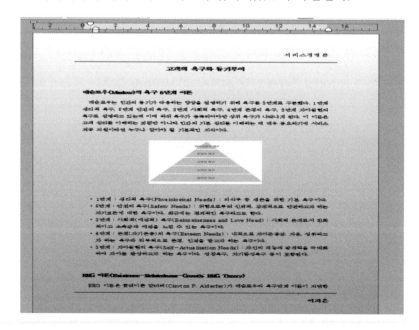

6. 쪽 번호 매기기

※예제파일: 쪽 번호 매기기_예제. ※결과파일: 쪽 번호 매기기_결과

1️⃣ [쪽] 탭 – [쪽 번호 매기기]([Ctrl] + [N], [P])를 클릭하여 [쪽 번호 매기기] 대화상자를 열고 '번호 위치'에서 [가운데 아래]를 선택한다. '번호 모양'은 [1,2,3], '시작 번호'는 [1]을 지정하고 [줄표 넣기]에 체크한 다음 [넣기]를 클릭하여 문서 전체에 쪽 번호를 넣는다.

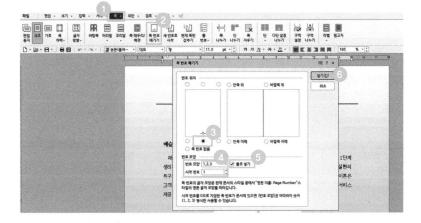

2️⃣ 첫 페이지를 제외하고 쪽 번호가 표시되도록 지정하려면, 1쪽에 커서를 올려놓고 [쪽] 탭 – [현재 쪽만 감추기]를 클릭한다. [감추기] 대화상자가 열리면 [쪽 번호]에 체크한 다음 [설정]을 클릭한다.

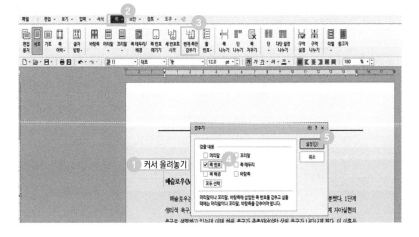

③ 2쪽의 'ERG 이론'에서 커서를 올려놓고 [쪽] 탭 – [새번호로 시작]을
클릭한다. [새번호로 시작] 대화상자에서 [쪽 번호]를 선택하고 '시작
번호'에 「1」을 입력한 다음 [넣기]를 클릭한다.

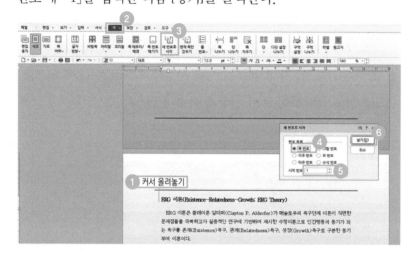

④ 2쪽의 시작 번호가 '1'로 시작되었는지 확인한다.

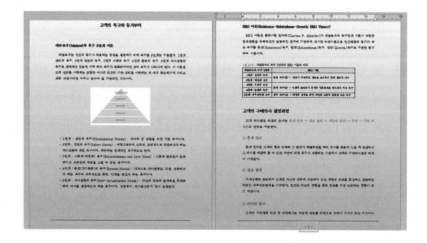

7. 다단 지정하여 레이아웃 구성하기

※예제파일: 다단 지정하여 레이아웃 구성하기_예제. ※결과파일: 다단 지정하여 레이아웃 구성하기_결과

1 '매슬로우(Maslow)의 욕구 5단계 이론'부터 '참고문헌' 전 단락까지 드래그하여 범위를지정한다. [쪽] 탭 – [단]을 클릭하고 [둘]을 클릭한다.

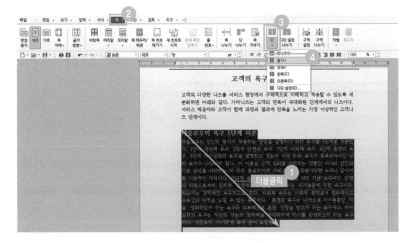

2 2쪽에 있는 '매슬로우의 욕구 5단계 이론'의 제목의 앞에 커서를 올려놓고 [쪽] 탭 – [나단 실정 나누기]를 클릭한다. [나단 실정 나누기]를 한번 더 클릭하여 정확하게 윗단과 분리한다.

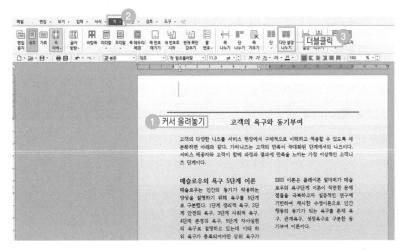

③ 「2」와 같은 방법으로 마지막 페이지의 '고객의 성격유형' 앞에 커서를 올려놓고 [다단 설정 나누기]를 더블클릭한다.

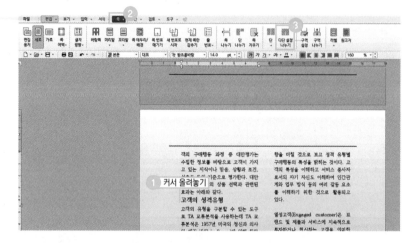

④ 첫 페이지로 이동하여 첫 번째 단락의 아래쪽을 클릭하여 커서를 올려놓고 [입력] 탭 - [문단 띠]를 클릭한다.

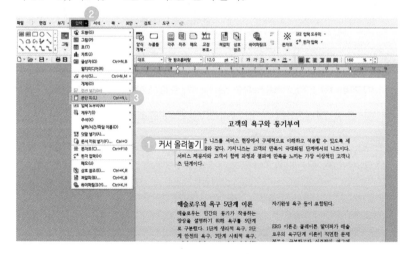

⑤ 앞 문단과 아래 문단 사이에 문단 띠가 삽입되었는지 확인한다.

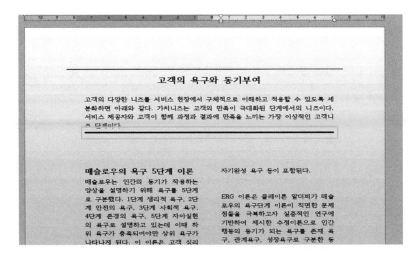

8. 각주 및 덧글 입력하기

※예제파일: 각주 및 덧글 입력하기_예제, ※결과파일: 각주 및 덧글 입력하기_결과

1 각주를 삽입할 1페이지의 '매슬로우'의 뒤에 커서를 올려놓고 [입력] 탭 – [각주]([Ctrl] + [N], [N])를 클릭한다.

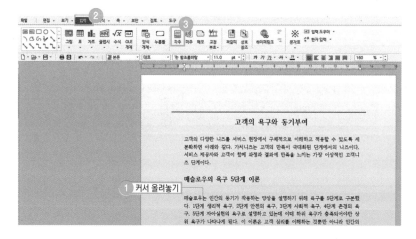

2 1페이지 하단에 번호 '1)'이 삽입되면「에이브러햄 해럴드 매슬로우 (영어: Abraham Harold Maslow, 1908년 4월 1일~1970년 6월 8일)는 미국 의 심리학자였다.」를 입력하고 [주석] 탭 – [닫기]를 클릭한다.

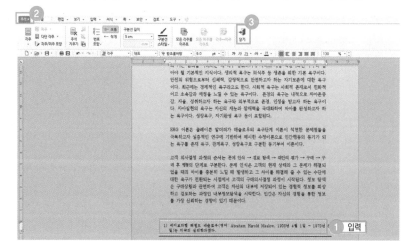

③ '미주'를 삽입하기 위해 2페이지의 '에릭 번(Eric Berne)'의 뒤에 커서를 올려놓고 [입력] 탭 – [미주]를 클릭한다.

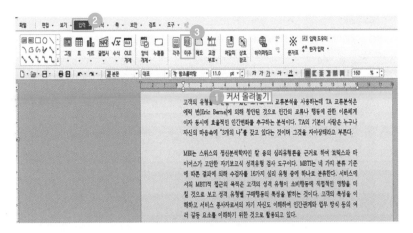

④ 문서의 맨 끝에 번호가 '1)'이 삽입되면 미주의 번호 모양을 변경하기 위해 [주석] 탭 – [번호 모양] – [i , ii , iii]을 선택한다.

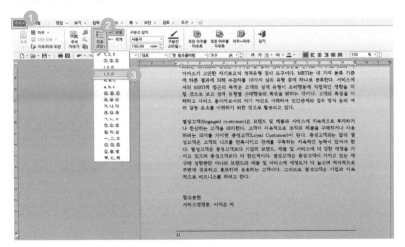

5 번호 모양이 'i'로 변경되면 「1957년 미국의 정신과 의사」를 입력하고 [주석] 탭 – [닫기]를 클릭한다.

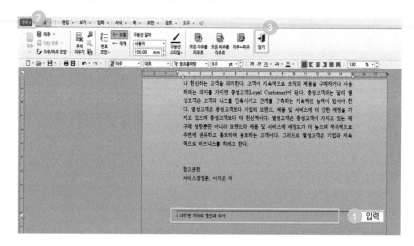

6 덧글을 입력하기 위해 2페이지의 '칼 융'을 블록 설정하고 [입력] 탭 –[덧말 넣기]를 클릭한다. [덧말 넣기] 대화상자가 열리면 '본말'은 입력되어 있으므로 '덧말'에 「C.G.Jung」을 입력한 다음 [넣기]를 클릭한다.

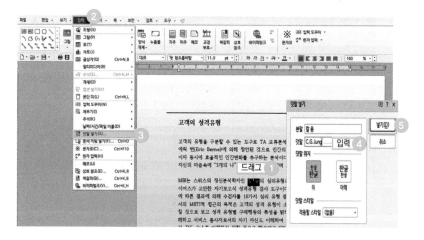

7 '칼 융' 위에 덧말이 입력되었는지 확인한다.

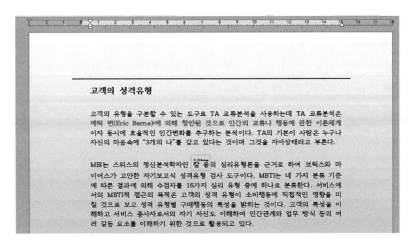

9. 그림 삽입하기

※예제파일: 그림 삽입하기_예제, ※결과파일: 그림 삽입하기_결과

1 [편집] 탭 – [그림]을 클릭한다. [그림 넣기] 대화상자가 열리면 '지도' 파일을 선택한 다음 [열기]를 선택한다.

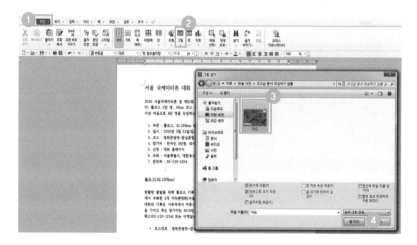

2 마우스 포인터 모양이 '+'로 변경되면 삽입할 위치에서 드래그하여 그림의 위치와 크기를 지정한다. 그림이 삽입되면 그림을 선택한 다음 더블클릭한다.

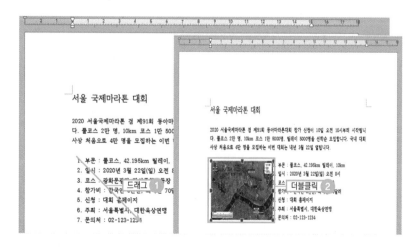

③ [개체 속성]에서 대화상자가 열리면 [기본] 탭을 선택하고 '위치'의 '본문과의 배치'에서 [어울림]을 선택한다. [여백/캡션] 탭을 선택하고 '바깥 여백'에서 '모두'의 위쪽 단추를 클릭하여 모두 [3.0mm]로 지정한다. [그림] 탭을 선택하고 '확대/축소 비율'에서 [가로 세로 같은 비율 유지]에 체크하고 '가로'와 '세로'에 모두 「25.00」을 입력한 다음 [설정]을 클릭한다.

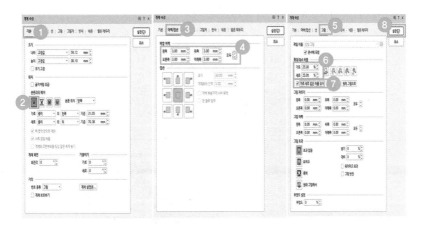

④ 삽입한 그림이 오른쪽의 텍스트와 잘 어울리게 배치되었는지 확인한다.

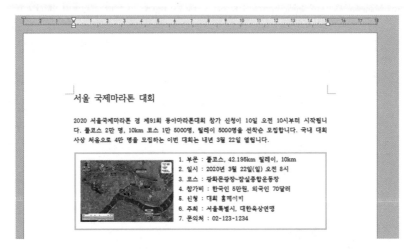

10. 지도에 글상자 삽입하고 복사하기

※예제파일: 지도에 글상자 삽입하기_예제, ※결과파일: 지도에 글상자 삽입하기_결과

1️⃣ [편집] 탭 - [도형]을 클릭하고 '그리기 개체'의 [가로 글상자]를 선택한다. 마우스 포인터의 모양이 '+'로 변경되면 지도 위에서 드래그하여 글상자를 그리고 「1코스」를 입력한 다음 글상자의 속성을 변경하기 위해 글상자를 더블클릭한다.

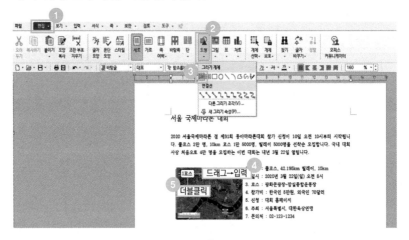

2️⃣ [개체 속성] 대화상자가 열리면 [선] 탭에서 '사각형 모서리 곡률'의 [둥근 모양]을 선택하고 [설정]을 클릭하여 모서리가 둥근 글상자를 완성한다.

③ [편집] 탭 - [도형]을 클릭하고 '그리기 개체'의 [직선]을 클릭한다. 마우스 포인터의 모양이 '+'로 변경되면 글상자에서 지도의 선 쪽으로 드래그하여 직선을 그리고 더블클릭한다.

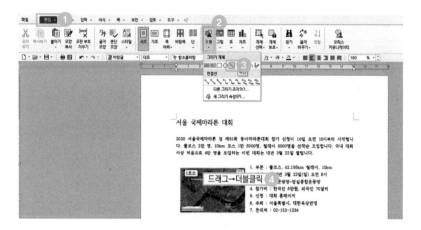

④ [개체 속성]에서 대화상자가 열리면 [선] 탭에서 '선'의 색은 [노랑 (RGB: 255, 215, 0)], '굵기'는 [1.50mm], '끝 모양'은 [날카로운 화살표], '끝 크기'는 [작은 폭 작은 높이]를 선택하고 [설정]을 클릭한다.

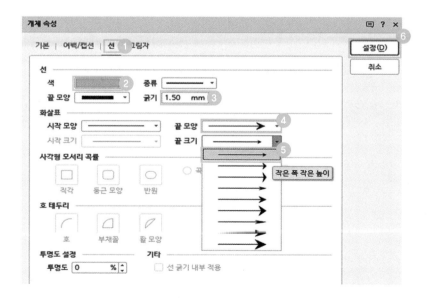

5 [Shift]를 누른 상태에서 글상자와 화살표를 클릭하여 함께 선택하고 [Ctrl]을 누른 상태에서 2코스 위치로 드래그하여 복사한 다음 글상자를 「2코스」로 입력한다.

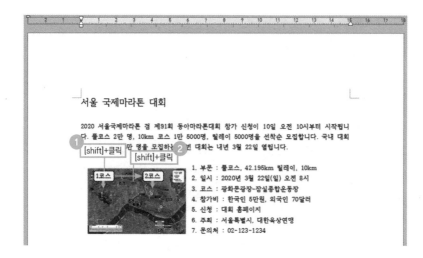

참고

[Shift] + 클릭 개체를 함께 선택할 수 있다.
[Ctrl] + 드래그 개체 복사가 가능하다.

11. URL 주소에 하이퍼링크 연결하기

※예제파일: URL 주소에 하이퍼링크 연결하기_예제, ※결과파일: URL 주소에 하이퍼링크 연결하기_결과

1 마지막 페이지의 참고 URL 주소인 'http://www.seoul-marathon.com'을 블록 설정하고 [입력] 탭 – [하이퍼링크]를 클릭한다. [하이퍼링크] 대화상자가 열리면 '연결대상'에서 [웹 주소]를 선택하고 '웹 주소'에 「http://www.seoul-marathon.com」을 입력한 다음 [넣기]를 클릭한다.

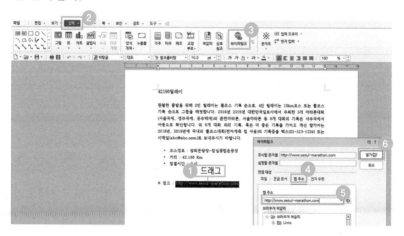

2 하이퍼링크가 연결되면 텍스트에는 파란색 밑줄 서식이 자동으로 설정된다. URL 주소에 마우스 좌클릭하여 연결된 하이퍼링크 주소로 이동하는지 확인한다.

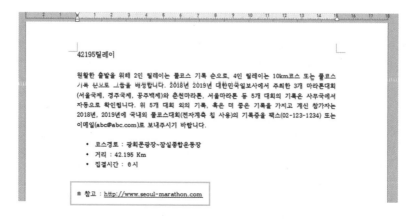

12. 표와 차트 삽입하기

※예제파일: 표와 차트 삽입하기_예제, ※결과파일: 표와 차트 삽입하기_결과

1️⃣ 표를 삽입할 위치에 커서를 올려놓고 [편집] 탭 – [표]([Ctrl] + [N], [T])를 클릭한다. [표 만들기] 대화상자가 열리면 '줄 개수'와 '칸 개수'에 각각 「3」과 「5」를 입력한 다음 [만들기]를 클릭한다.

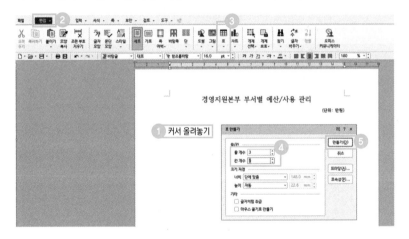

2️⃣ 3행 5열의 표가 삽입되면 아래와 같이 내용을 입력하고 1행 2열부터 마지막 열까지 드래그하여 블록 설정한다. [표 레이아웃] 아이콘을 클릭하고 [채우기] –[표 자동 채우기]를 선택한다. 이때, 마우스 우클릭하여 [채우기] –[표 자동 채우기]를 선택하는 방법도 있다.

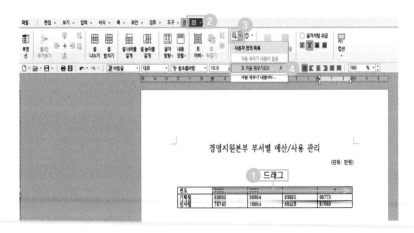

③ 비용이 입력된 셀들을 드래그하여 선택한다. [표 레이아웃] 아이콘의
내림 단추를 클릭하고 [1,000 단위 구분 쉼표] −[자릿점 넣기]를 선
택하여 천 단위마다 쉼표를 표시한다.

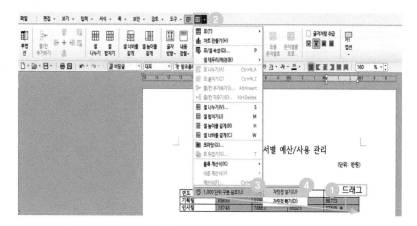

④ 표의 모든 셀들을 드래그하여 블록 설정한다. 서식 도구 상자에서
[가운데 정렬]도구를 클릭하여 데이터를 가운데 정렬한다.

13. 표에 열 추가하고 셀 합치기

※예제파일: 표에 열 추가하고 셀 합치기_예제, ※결과파일: 표에 열 추가하고 셀 합치기_결과

1 '예산 사용 비용' 표에서 '회의비' 셀에 커서를 올려놓고 [표 레이아웃]
아이콘 – [오른쪽에 칸 추가하기]를 클릭한다.

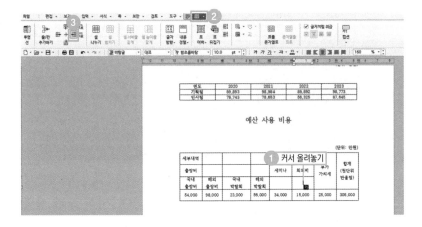

2 오른쪽 열이 추가되면 2행에 「계」를 입력하고 1열부터 7열까지 드
래그하여 블록 설정한다. [표 레이아웃] 아이콘 – [셀 너비를 같게]를
클릭하여 가로 셀 너비를 동일하게 설정한다.

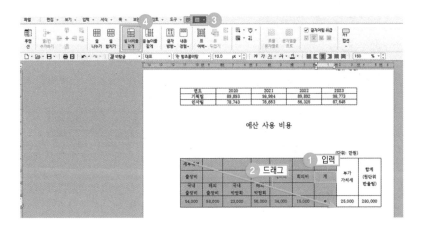

③ 1행 1열부터 1행 7열까지 블록 설정하고 [표 레이아웃] 아이콘 – [셀 합치기]를 클릭하여 셀을 하나로 합친다. 이때, [M]을 눌러 셀을 합치는 방법도 있다.

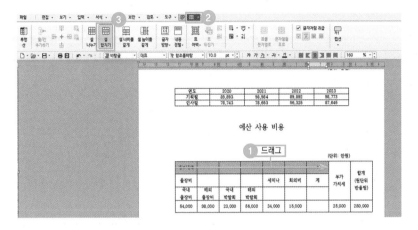

④ 「3」과 같은 방법으로 2행 1열~4열, 2행 5열~3행 5열, 2행 6열~3행 6열, 2행 7열~3행 7열의 셀을 각각 선택하여 하나의 셀로 합친다.

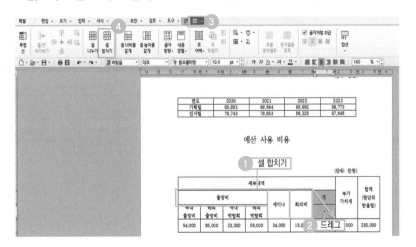

⑤ '계'의 아래쪽 셀에 커서를 올려놓고 [표 레이아웃] 아이콘을 클릭한
다음 [쉬운 계산식] – [가로 합계]를 선택한다.

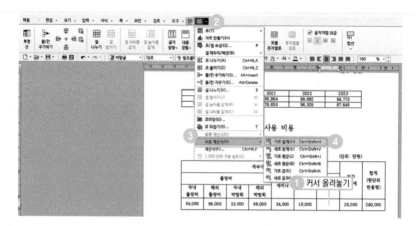

⑥ 자동으로 가로 숫자값의 합계가 구해졌는지 확인한다.

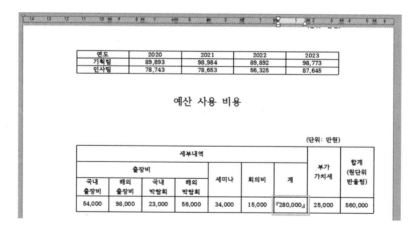

연도	2020	2021	2022	2023
기획팀	89,893	98,984	89,892	98,773
인사팀	78,743	78,653	56,325	87,645

예산 사용 비용

(단위: 만원)

세부내역							부가가치세	합계 (원단위 반올림)
출장비				세미나	회의비	계		
국내 출장비	해외 출장비	국내 박람회	해외 박람회					
54,000	98,000	23,000	56,000	34,000	15,000	『280,000』	25,000	560,000

14. 표의 셀 크기 조절하기

※예제파일: 표의 셀 크기 조절하기_예제, ※결과파일: 표의 셀 크기 조절하기_결과

1 '경영지원본부 부서별 예산/사용 관리'의 표를 마우스 좌클릭하여 선택한 다음 표 아래쪽으로 이동하여 마우스를 아래쪽으로 드래그하여 표의 크기를 늘린다. 이때, [Ctrl] + [→] 또는 [↓]를 눌러도 열 또는 행의 크기가 커진다.

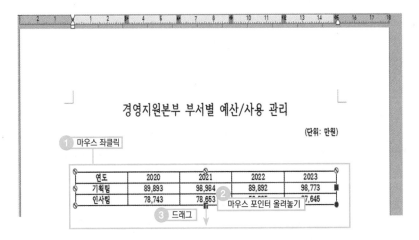

2 '예산 사용 비용'표의 안쪽을 드래그하여 표 전체를 블록 설정하고 [Ctrl] + [↑]를 세 번 눌러 셀의 크기를 줄인다. 이때, [Ctrl] + [←] 또는 는 [↑]를 눌러도 열 또는 행의 크기가 작아진다.

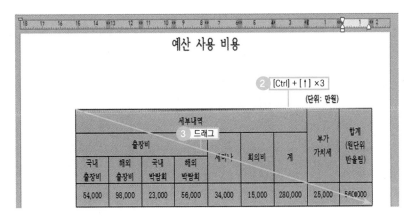

15. 표의 셀에 배경색과 대각선 지정하기

※예제파일: 표의 셀에 배경색과 대각선 지정하기_예제. ※결과파일: 표의 셀에 배경색과 대각선 지정하기_결과

1 '예산 사용 비용'표에서 제목 행을 블록 설정하고 [표 디자인] 아이콘을 클릭한 다음 [셀 음영] – [셀 음영 설정]을 선택한다. [셀 테두리/배경] 대화상자의 [배경] 탭이 열리면 '채우기'의 [색]을 선택하고 '면색'에서 [노랑(RGB: 255,255,0)]을 선택한 다음 [설정]을 클릭한다.

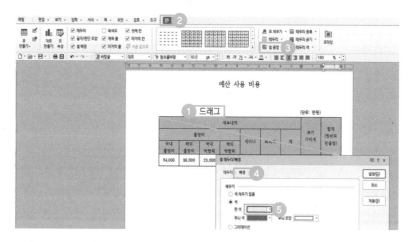

2 제목 행을 드래그하여 블록 설정하고 글자 모양[돋움체, 보라 – RGB: 128,0,128, 진하게], 가운데 정렬을 클릭하여 글자 모양 및 위치를 변경한다.

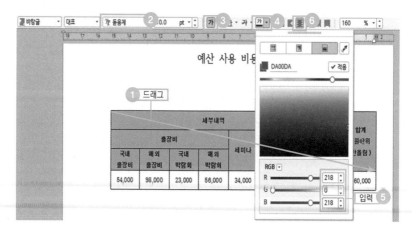

③ 제목 행의 선 모양 변경을 위해 제목 행을 드래그하여 블록으로 설정한다. [표 디자인] 아이콘을 클릭하여 표 바깥의 왼쪽과 오른쪽은 선 없음, 제목 행 아래쪽과 평균 행 위쪽은 이중 실선(0.5mm)을 선택한다.

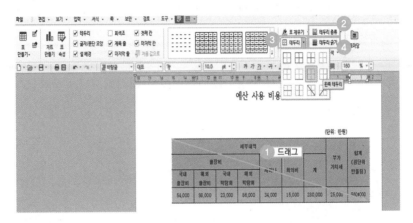

④ 표의 제목 행을 확인한다.

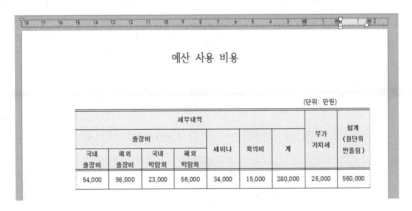

16. 표를 차트로 작성하기

※예제파일: 표를 차트로 작성하기_예제, ※결과파일: 표를 차트로 작성하기_결과

1️⃣ 표의 내용을 드래그하여 블록 설정하고 [표 디자인] 아이콘 − [차트 만들기]를 클릭한다.

2️⃣ 세로 막대형 차트가 자동 삽입되면 [차트 데이터 편집] 창의 [닫기]를 클릭한다.

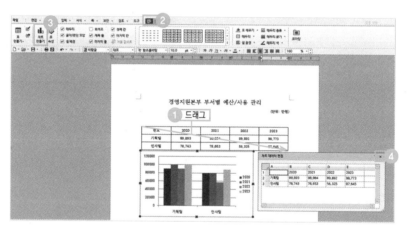

3️⃣ 표의 아래쪽으로 차트를 이동하고 차트 크기를 드래그하여 조절한 다음 [표 디자인] 아이콘 − [줄/칸 전환]을 클릭한다.

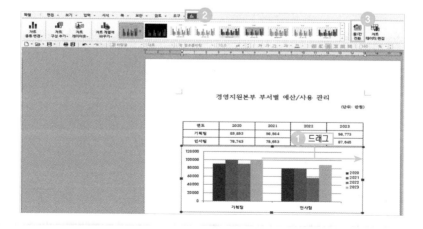

④ 표의 줄과 칸 데이터가 서로 바뀐 값으로 행 기준 차트로 변경되었는
지 확인한다.

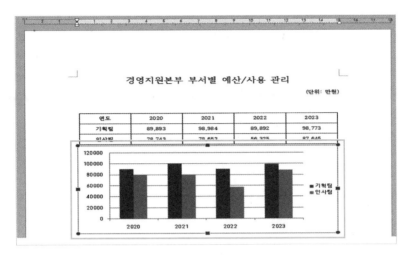

비즈니스 문서작성법

기능적 문서작성

1. 문단 스타일과 글자 스타일 지정하기

※예제파일: 문단 스타일과 글자 스타일 지정하기_예제, ※결과파일: 문단 스타일과 글자 스타일 지정하기_결과

1 제목을 드래그하여 블록 설정하고 서식 도구 상자를 이용하여 [맑은 고딕, 14포인트, 장평(120%), 자간(10%), 양각, 파랑(RGB: 0,0,255) 가운데 정렬]로 글자 서식을 설정한다.

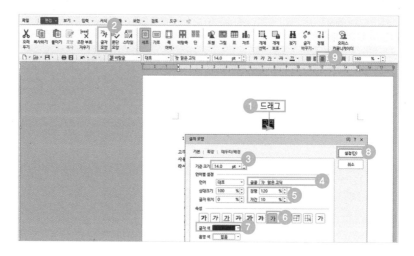

② [서식] 탭 − [자세히] 단추를 클릭하고 [스타일](F6)을 선택한다.

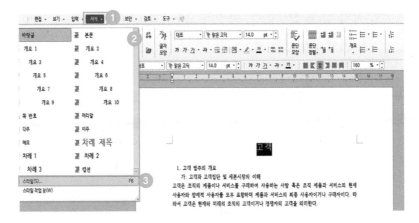

③ [스타일] 대화상자가 열리면 [스타일 추가하기] 단추를 클릭하여 [스타일 추가하기] 대화상자를 열고 '스타일 이름'에는 「제목 1」, '스타일 종류'에는 「글자」를 선택하고 [추가]를 클릭한다. [스타일] 대화상자로 되돌아오면 '스타일 목록'에서 [제목 1]이 추가된 것을 확인하고 [설정]을 클릭한다.

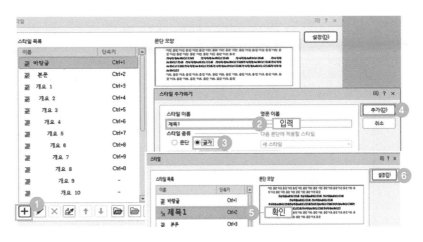

4 제목에 커서를 올려놓고 [서식] 탭 - [자세히] 단추를 클릭하고 [스타일 작업 창]을 선택한다. 화면의 오른쪽에 [스타일] 작업 창이 열리면 현재 커서가 위치한 제목의 스타일을 확인한다.

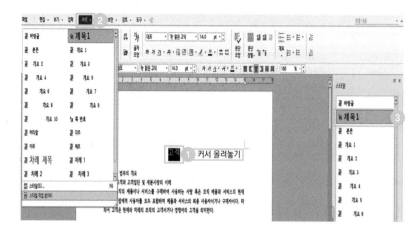

5 '가. 고객과 고객집단 및 세분시장의 이해'의 아랫줄에 커서를 올려놓고 [스타일] 작업 창에서 [본문]을 선택한다. '본문' 스타일이 적용되었는지 확인한 다음 [닫기] 단추를 클릭하여 [스타일] 작업 창을 닫는다.

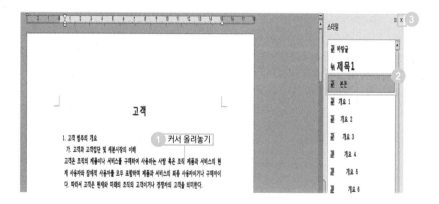

2. 스타일 편집하기

※예제파일: 스타일 편집하기_예제, ※ 결과파일: 스타일 편집하기_결과

1️⃣ '1. 고객 범주의 개요'를 드래그하여 블록 설정하고 서식 도구 상자를 이용하여 [돋움체, 12포인트, 진하게, 그림자]로 글자 속성을 설정한다.

2️⃣ [서식] 탭 – [자세히] 단추를 클릭하고 [스타일 작업 창]을 선택한다. 화면의 오른쪽 [스타일] 작업 창이 열리면 [개요 1] 스타일에서 마우스 우클릭하여 [스타일 현재 모양으로 바꾸기]를 선택한 다음 '현재 모양을 [개요 1] 스타일 내용에 반영할까요?'라고 묻는 메시지 창이 열리면 [반영]을 클릭한다.

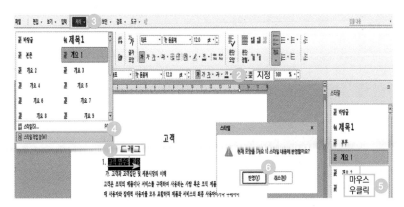

3️⃣ 본문 화면에서 [개요 1] 스타일의 속성이 변경되었는지 확인한다.

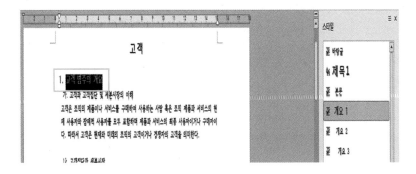

4 다음 페이지로 이동해서 같은 [개요 1] 스타일이 적용되어 있던 다른 문단에도 동일하게 스타일이 변경되었는지 확인한다.

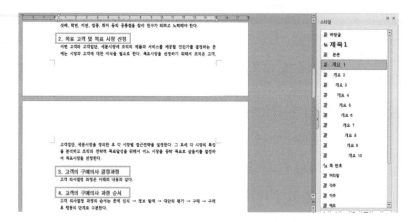

3. 스타일 이용하여 목차 만들기

※예제파일: 스타일 이용하여 목차 만들기_예제, ※결과파일: 스타일 이용하여 목차 만들기_결과

1 제목의 아래쪽에 커서를 올려놓고 [도구] 탭 – [제목 차례] – [차례 만들기]를 선택한다.

2 [차례 만들기] 대화상자가 열리면 '차례 형식'에서 다음과 같이 지정 하고 [만들기]를 클릭한다.

- 차례 형식 : [필드로 넣기]
- 개요 수준까지 : [2수준]까지
- 탭 모양 : [오른쪽 탭]
- 만들 위치 : [현재 문서의 커서 위치]
- 만들 차례의 [개요 문단으로 모으기] : 체크
- [표 차례], [그림 차례], [수식 차례] : 체크 해제
- 채울 모양 : [점선]
- 하이퍼링크 만들기 : 체크 해제

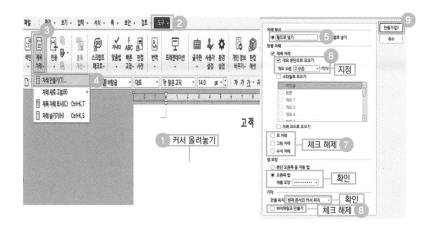

③ 커서가 있던 위치에 개요 스타일을 이용한 목차가 삽입되었는지 확인한다.

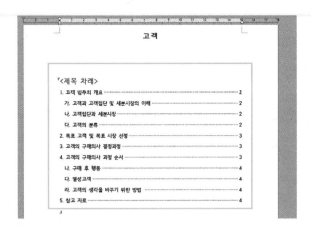

4. 메일 머지 이용하여 초대장 작성하기

※예제파일: 메일 머지 이용하여 초대장 작성하기_예제-초청장, ※예제파일: 메일 머지 이용하여 초대장 작성하기_예제-회원명단, ※결과파일: 메일 머지 이용하여 초대장 작성하기_결과

1 메일 머지는 본문이 될 문서와 데이터로 사용될 문서가 작성되어 있어야 한다. 초대장을 먼저 작성하여 파일로 만든 다음 바탕화면에 '초대장'으로 저장한다. 새로 데이터를 사용할 문서를 작성하기 위해 [파일] 탭 - [새문서]([Alt] + [N])를 클릭한다.

2 새문서가 열리면 필드가 2개라는 뜻으로 「2」를 입력한 다음 [Enter]를 누른다. 성명과 회원번호에 대한 실제 값인 「가지은」과 「AB12345」를 입력하고 [Enter]를 눌러 차례대로 아래쪽에 입력한다.

3 「나지은[Enter]」, 「AB14354[Enter]」, 「다지은[Enter]」, 「AB12343 [Enter]」, 「라지은[Enter]」, 「ABAB15461[Enter]」, 「마지은[Enter]」, 「AB56531[Enter]」, 「바지은[Enter]」, 「AB52232[Enter]」, 「사지은 [Enter]」, 「AB23453[Enter]」을 차례대로 입력하고 서식 도구 상자에서 [저장하기] 도구를 클릭한다.

4 [다른 이름으로 저장] 대화상자가 열리면 '문서' 폴더에 「회원명단」 이름으로 저장한다.

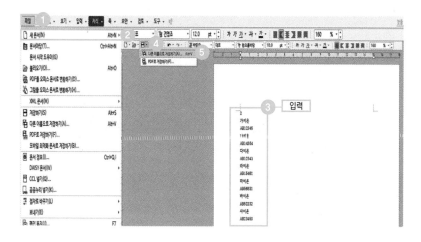

⑤ 데이터 파일이 완성되었으면 '초청장' 문서로 돌아가서 '회원님'의 앞
   에 커서를 올려놓고 [도구]탭의 내림 단추를 클릭하고 [메일 머지] –
   [메일 머지 표시 달기]를 선택한다.

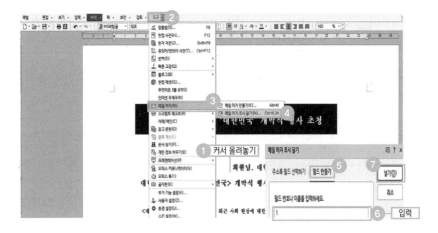

⑥ '회원님'의 앞에 1번 메일 머지가 표시되었는지 확인하고 '회원번호'
   의 뒤에 커서를 올려놓는다. '3~5번' 과정과 같은 방법으로 2번 메일
   머지를 만든다.

⑦ '회원번호'의 뒤에 2번 메일 머지가 표시되었는지 확인한다. [도구]
   탭의 내림 단추를 클릭하고 [메일 머지] – [메일 머지 만들기]를 선택
   한다.

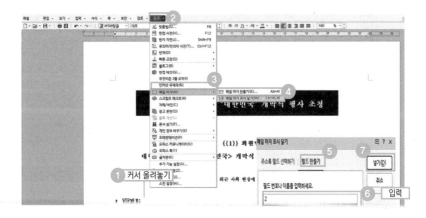

8 [메일 머지 만들기] 대화상자가 열리면 '자동 종류'에서 [한글 파일]을 선택하고 [파일 선택] 단추를 클릭한다. [한글 파일 불러오기] 창이 열리면 '회원명단' 파일을 선택하고 [열기]를 선택한다. [메일 머지 만들기] 대화상자로 되돌아오면 '출력 방향'에서 [화면]을 선택하고 [만들기]를 클릭한다.

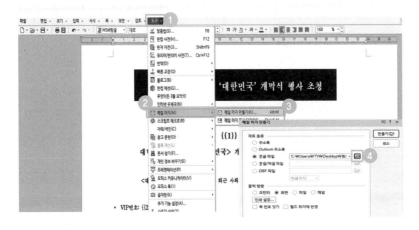

9 자동으로 미리 보기 화면이 열리면서 첫 데이터가 적용되어 완성된 초청장이 표시되면 [미리보기] 탭 - [다음 쪽]을 클릭하여 다음 데이터가 차례대로 표시되는지 확인한다. [미리보기] 탭 - [인쇄]를 클릭하면 데이터의 수만큼 초청장을 인쇄할 수 있다.

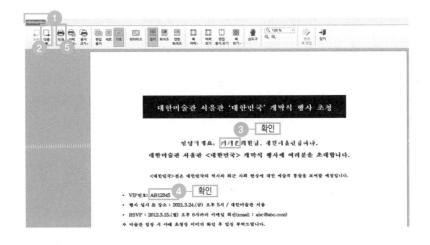

5. DM 발송용 라벨 만들기

※결과파일: DM 발송용 라벨 만들기_결과

1　새문서에서 [쪽] 탭 – [라벨] – [라벨 문서 만들기]를 선택한다. [라벨 문서 만들기] 대화상자가 열리면 [라벨 문서 꾸미기] 탭에서 [Anylabel]을 선택하고 [우편발송 라벨(16칸)−V3240]을 선택한 다음 [열기]를 클릭한다.

2　16칸의 표가 작성되었으면, 표 전체를 드래그하고 [표 레이아웃] 아이콘의 내림 단추를 클릭한 다음 [표/셀 속성]을 선택한다.

3　[표/셀 속성] 대화상자가 열리면 [셀] 탭에서 [안 여백 지정]에 체크하고 '왼쪽'은 「6.00mm」, '위쪽'은 「4.00mm」를 입력한 다음 [설정]을 클릭한다.

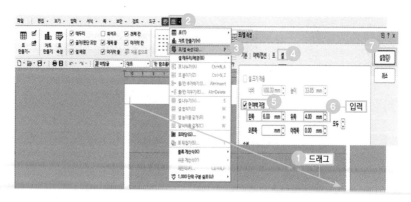

4 [표 디자인] 아이콘 – [테두리]의 내림 단추를 클릭한 다음 [모든 테두리]를 선택한다.

5 첫 번째 셀에 아래와 같은 내용을 입력하고 드래그하여 모두 선택한 다음 서식 도구 모음에서 [견명조, 12pt, 진하게]를 클릭한다.

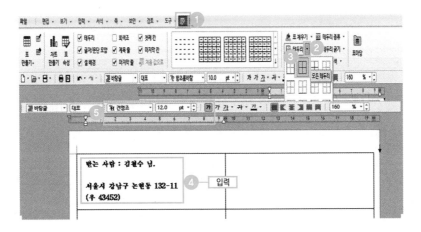

6. 엑셀 데이터 이용하여 라벨 만들기

※예제파일: 엑셀 데이터 이용하여 라벨 만들기_예제 1, ※예제파일: 엑셀 데이터 이용하여 라벨
만들기_예제 2, ※예제파일: 엑셀 데이터 이용하여 라벨 만들기_예제—구정선물명단, ※결과파
일: 엑셀 데이터 이용하여 라벨 만들기_결과

1 주소록에 있는 필드를 메일 머지로 표시하기 위해 '이름'을 드래그한
다. [도구] 탭의 내림 단추를 클릭하고 [메일 머지] – [메일 머지 표시
달기]를 선택한다.

2 [메일 머지 표시 달기] 대화상자가 열리면 [필드 만들기] 탭에서 필드
이름에 「성명」을 입력하고 [넣기]를 클릭한다.

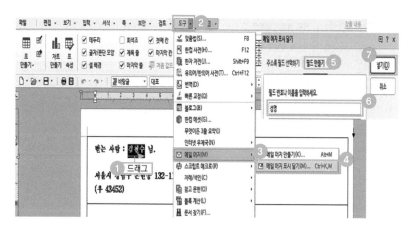

3 「2」와 같은 방법으로 [주소]와 [우편번호]의 메일 머지를 표시한다.
[도구] 탭의 내림 단추를 클릭하고 [메일 머지] − [메일 머지 표시 달기]
를 선택한다.

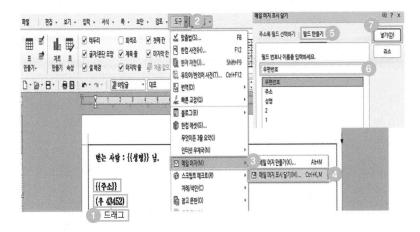

4 [메일 머지 만들기] 대화상자가 열리면 '자료 종류'에서 [한셀/엑셀 파
일]을 선택하고 [파일 선택] 단추를 클릭한다. [한셀/엑셀 불러오기]
창이 열리면 엑셀로('구정선물명단) 리스트를 정리한 파일을 선택하고
[열기]를 클릭한다. [메일 머지 만들기] 대화상자로 되돌아오면 '출력
방향'에서 [파일]을 선택하고 '파일 이름'에서 파일 이름을 '라벨주소'
로 수정한 다음 [만들기]를 클릭한다.

5 [시트 선택] 대화상자가 열리면 '시트 목록'에서 [Sheet 1]을 선택하고
[선택]을 클릭한다.

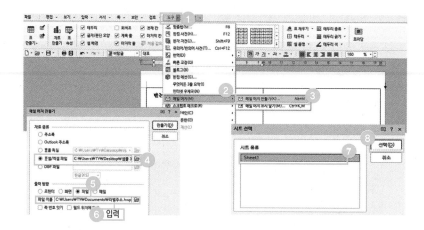

⑥ [주소록 레코드 선택] 대화상자가 열리면 [선택]을 클릭한다.

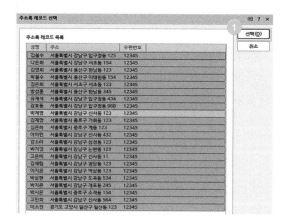

7 「4」의 과정에서 저장한 경로로 이동하여 '라벨주소.hwp'를 열고 라
벨 문서를 확인한다.

받는 사람 : 김철수 님. 서울특별시 강남구 압구정동 125 12345	받는 사람 : 나은희 님. 서울특별시 강남구 서초동 154 12345
받는 사람 : 김영희 님. 서울특별시 용산구 한남동 123 12345	받는 사람 : 박철수 님. 서울특별시 용산구 이태원동 154 12345
받는 사람 : 김은희 님. 서울특별시 서초구 서초동 123 12345	받는 사람 : 방성훈 님. 서울특별시 용산구 한남동 345 12345
받는 사람 : 윤제석 님. 서울특별시 강남구 압구정동 434 12345	받는 사람 : 강호동 님. 서울특별시 강남구 압구정동 968 12345
받는 사람 : 박제영 님.	받는 사람 : 김제영 님.

[단축키]

기능	단축키	기능	단축키
새문서	[Alt] + [N]	각주	[Ctrl] + [N] + [N]
문서 마당	[Ctrl] + [Alt] + [N]	미주	[Ctrl] + [N] + [E]
불러오기	[Alt] + [O]	그림	[Ctrl] + [N] + [I]
최근 작업 문서	[Alt] + [F3]	캡션 삽입	[Ctrl] + [N] + [C]
저장하기	[Alt] + [S]/ [Ctrl] + [S]	책갈피	[Ctrl] + [K] + [B]
다른 이름으로 저장	[Alt] + [V]	하이퍼링크	[Ctrl] + [K] + [H]
끝내기	[Alt] + [X]	머리말/꼬리말	[Ctrl] + [N] + [H]
문서 닫기	[Ctrl] + [F4]	쪽 번호 매기기	[Ctrl] + [N] + [P]
되돌리기	[Ctrl] + [Z]	쪽 나누기	[Ctrl] + [Enter]
다시 실행	[Ctrl] + [Shift] + [Z]	단 나누기	[Ctrl] + [Shift] + [Enter]
복사하기	[Ctrl] + [C]	다단 설정 나누기	[Ctrl] + [Alt] + [Enter]
붙여넣기	[Ctrl] + [V]	문단 번호 적용 및 해제	[Ctrl] + [Shift] + [Insert]
되돌리기	[Ctrl] + [Z]	글머리표 적용 및 해제	[Ctrl] + [Shift] + [Delete]
오려두기	[Ctrl] + [X]	왼쪽 단어의 시작으로 이동	[Ctrl] + [←]
모양 복사	커서 올려놓고 [Alt] + [C]	오른쪽 단어의 시작으로 이동	[Ctrl] + [→]
복사한 모양 붙이기	블록 설정 후 [Alt] + [C]	줄의 맨 처음으로 이동	[Home]
지우기	[Ctrl] + [E]	줄의 맨 끝으로 이동	[End]
모두 선택	[Ctrl] + [A]	현재 화면의 첫 줄로 이동	[Ctrl] + [Home]
블록 설정	F3	현재 화면의 끝 줄로 이동	[Ctrl] + [End]
찾기	[Ctrl] + [F]	문단의 처음으로 이동	[Alt] + [Home]
찾아 바꾸기	[Ctrl] + [F2]	문단의 끝으로 이동	[Alt] + [End]
글자 모양 변경하기	[Alt] + [L]	한 화면 앞으로 이동	[PgUp]
문자표	[Ctrl] + [F10]	한 화면 뒤로 이동	[PgDn]
표 만들기	[Ctrl] + [N] +[T]	문서의 처음으로 이동	[Ctrl] + [PgUp]
셀 합치기	[M]	문서의 끝으로 이동	[Ctrl] + [PgDn]

05

실무 엑셀

비즈니스 문서작성법

I

기본 함수

1. 셀 병합하지 않고 셀 가운데 데이터 배치하기

※예제파일: 셀 병합하지 않고 셀 가운데 데이터 배치하기_예제, ※결과파일: 셀 병합하지 않고 셀 가운데 데이터 배치하기_결과

	A	B	C	D	E	F	G	H	I	J
2				영업1팀 분기별 영업 실적						
3										
4										
5	팀	이름	직위	1사분기			2사분기			
6				1월	2월	3월	4월	5월	6일	
7	영업1팀	김철수	사원	8,000	23,000	37,000	13,000	12,000	23,000	
8	영업1팀	박재영	사원	10,000	15,000	11,000	9,000	17,000	23,000	
9	영업1팀	전원배	사원	15,000	23,000	34,000	23,000	15,000	17,000	
10	영업1팀	김은실	과장	9,000	14,000	12,000	24,000	12,000	23,000	
11	영업1팀	김영희	차장	19,000	15,000	32,000	24,000	21,000	11,000	
12	영업1팀	방성훈	부장	25,000	20,000	29,000	28,000	32,000	23,000	

	A	B	C	D	E	F	G	H	I	J
1										
2				영업1팀 분기별 영업 실적						
3										
4										
5	팀	이름	직위	1사분기			2사분기			
6				1월	2월	3월	4월	5월	6월	
7	영업1팀	김철수	사원	8,000	23,000	37,000	13,000	12,000	23,000	
8	영업1팀	박재영	사원	10,000	15,000	11,000	9,000	17,000	23,000	
9	영업1팀	전원배	사원	15,000	23,000	34,000	23,000	15,000	17,000	
10	영업1팀	김은실	과장	9,000	14,000	12,000	24,000	12,000	23,000	
11	영업1팀	김영희	차장	19,000	15,000	32,000	24,000	21,000	11,000	
12	영업1팀	방성훈	부장	25,000	20,000	29,000	28,000	32,000	23,000	

1 B열 머리글을 클릭하여 B열 전체를 선택하고 선택 영역에서 마우스 우클릭하여 [잘라내기]를 선택한다.

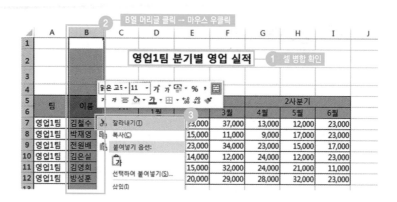

2 '병합된 셀에서는 실행할 수 없습니다'라는 오류 메시지 창이 열리면 [확인]을 클릭한다.

③ E4:E8 범위를 드래그하여 선택하면 D5:F5 범위가 병합된 상태이므로 원하는 범위가 선택되지 않는 문제가 발생하므로 셀을 병합하지 않고 여러 개의 셀에 걸쳐 데이터를 표시하는 방법을 사용한다.

	A	B	C	D	E	F	G	H	I
1									
2				영업1팀 분기별 영업 실적					
3									
4							선택 확인 2		
5	팀	이름	직위		1사분기			2사분기	
6				1월	2월	3월	4월	5월	6월
7	영업1팀	김철수	사원	8,000	23,000	37,000	13,000	12,000	23,000
8	영업1팀	박재영	사원	10,000	15,000	11,000	9,000	17,000	23,000
9	영업1팀	전원배	사원	15,000	23,000	34,000	23,000	15,000	17,000
10	영업1팀	김은실	과장	9,000	1 드래그	12,000	24,000	12,000	23,000
11	영업1팀	김영희	차장	19,000	15,000	32,000	24,000	21,000	11,000
12	영업1팀	방성훈	부장	25,000	20,000	29,000	28,000	32,000	23,000
13									

④ A2셀을 클릭하고 [Ctrl]을 누른 상태에서 D5셀과 G5셀을 계속 클릭한다. 병합된 세 개의 셀을 선택한 상태에서 셀 병합을 해제하기 위해 [홈] 탭 – [맞춤] 그룹에서 [병합하고 가운데 맞춤]을 클릭한다.

⑤ 병합된 셀이 해제되어 각 셀로 분리되면 A2:I2 범위를 선택하고 [홈] 탭 – [맞춤] 그룹에서 [맞춤 설정]아이콘을 클릭한다.

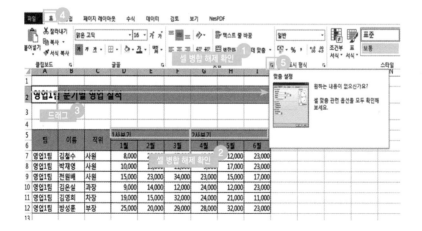

⑥ [셀 서식] 대화상자의 [맞춤] 탭이 열리면 '텍스트 맞춤'에서 '가로'의 내림 단추를 눌러 [선택 영역의 가운데로]를 선택하고 [확인]을 클릭한다.

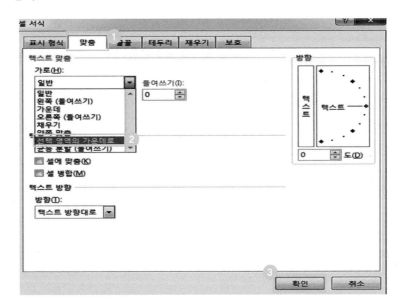

⑦ A2:I2 범위에 있는 특정 셀을 클릭하면 각각 따로 선택되지만 해당 영역의 가운데 데이터가 배치되어있다. 동일한 방법을 적용하기 위해 D5:F5 범위를 선택하고 [F4]를 누른다. 다시 G5:I5 범위를 선택하고 [F4]를 누른다.

	A	B	C	D	E	F	G	H	I
1									
2			**영업1팀 분기별 영업 실적**						
3									
4									
5	팀	이름	직위	1사분기			2사분기		
6				1월	2월	3월	4월	5월	6월
7	영업1팀	김성부	사원	8,000	23,000			12,000	23,000
8	영업1팀	박재영	사원	10,000	15,000	11,000	9,000	17,000	23,000
9	영업1팀	전원배	사원	15,000	23,000	34,000	23,000	15,000	17,000
10	영업1팀	김은실	과장	9,000	14,000	12,000	24,000	12,000	23,000
11	영업1팀	김영희	차장	19,000	15,000	32,000	24,000	21,000	11,000
12	영업1팀	방성훈	부장	25,000	20,000	29,000	28,000	32,000	23,000
13									

⑧ E5:I7 범위를 드래그하면 병합되지 않았기 때문에 선택하는 데 문제가 없다. B열 머리글에서 마우스 우클릭하여 [잘라내기]를 선택하고 오류 메시지 없이 작업이 실행된다.

	A	B	C	D	E	F	G	H	I	J
1										
2			영업1팀 분기별 영업 실적							
3										
4										
5	팀	이름	직위		1사분기			2사분기		
6					1월	2월	3월	4월	5월	6월
7	영업1팀	김철수	사원	8,000	23,000	37,000	13,000	12,000	23,000	
8	영업1팀	박재영	사원	10,000	15,000	11,000	9,000	17,000	23,000	
9	영업1팀	전원배	사원	15,000	23,000	34,000	23,000	15,000	17,000	
10	영업1팀	김은실	과장	9,000	14,000	12,000	24,000	12,000	23,000	
11	영업1팀	김영희	차장	19,000	15,000	32,000	24,000	21,000	11,000	
12	영업1팀	방성훈	부장	25,000	20,000	29,000	28,000	32,000	23,000	
13										

2. 결재란을 그림으로 복사해서 붙여넣기

※예제파일: 결재란을 그림으로 복사해서 붙여넣기_예제. ※결과파일: 결재란을 그림으로 복사해서 붙여넣기_결과

	사용일시	목적	사용장소	금액	부서	사용자

1월 법인카드 사용내역

1월 법인카드
본부	경영지원본부
일자	2021년 1월 28일
담당	김영희

사용일시	목적	사용장소	금액	부서	사용자
2021-01-08	접대비	스시선수	560,000	경영지원본부	김철수
2021-01-09	접대비	스시초이	450,000	경영지원본부	김철수
2021-01-10	접대비	조선호텔	230,000	경영지원본부	김철수
2021-01-11	접대비	롯데호텔	120,000	경영지원본부	김철수
2021-01-16	접대비	신라호텔	230,000	경영지원본부	김철수
2021-01-17	접대비	삼청각	350,000	경영지원본부	김철수
2021-01-18	접대비	라쿠치나	240,000	경영지원본부	김철수
2021-01-21	접대비	파리스그릴	120,000	경영지원본부	김철수
2021-01-22	접대비	홍루	140,000	경영지원본부	김철수

1월 법인카드 사용내역

1월 법인카드
본부	경영지원본부
일자	2021년 1월 28일
담당	김영희

결	담당	본부장	대표이사
재			

사용일시	목적	사용장소	금액	부서	사용자
2021-01-08	접대비	스시선수	560,000	경영지원본부	김철수
2021-01-09	접대비	스시초이	450,000	경영지원본부	김철수
2021-01-10	접대비	조선호텔	230,000	경영지원본부	김철수
2021-01-11	접대비	롯데호텔	120,000	경영지원본부	김철수
2021-01-16	접대비	신라호텔	230,000	경영지원본부	김철수
2021-01-17	접대비	삼청각	350,000	경영지원본부	김철수
2021-01-18	접대비	라쿠치나	240,000	경영지원본부	김철수
2021-01-21	접대비	파리스그릴	120,000	경영지원본부	김철수
2021-01-22	접대비	홍루	140,000	경영지원본부	김철수

1 너비가 다른 데이터를 하나의 열에 표시하기 위해 '결재' 시트에 별
   도의 양식을 작성한다. '결재' 시트를 선태하고 결재란 영역에 있는
   하나의 셀을 클릭한 다음 [Ctrl] + [A]를 누른다. 결재란 양식의 전체

범위가 선택되면 [Ctrl] + [C]를 눌러 복사하고 '법인카드' 시트를 클릭한다.

2 '법인카드' 시트의 E5:H8 범위에 복사한 내용을 붙여넣기 위해 [홈]
탭 − [클립 보드] 그룹에서 [붙여넣기]를 클릭한 후 '기타 붙여넣기
옵션'에서 [그림] 아이콘을 선택한다.

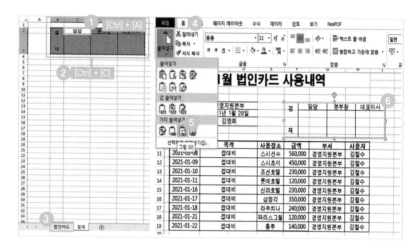

③ 복사한 결재란 영역이 그림으로 변환되어 붙여지면 적당한 위치로 드래그한다. 결재란의 내용을 수정하기 위해 결재란 그림을 선택한 상태에서 [Delete]를 눌러 삭제한다.

④ [홈] 탭 – [클립보드] 그룹에서 [붙여넣기]를 클릭한 후 '기타 붙여넣기 옵션'에서 [연결된 그림] 아이콘을 선택한다.

5 연결된 그림으로 붙여놓은 결재란 그림을 오른쪽 위로 드래그하고
크기를 E5:H8 범위로 적당하게 조절한다. 붙여넣은 결재란 그림의
내용을 수정하려면 원본 데이터가 저장된 '결재' 시트로 이동한다.

6 결재란 양식의 전체 범위가 선택되어 있으면 [ESC]를 눌러 선택을
해제하고 C3:E3 범위를 선택한다. [홈] 탭 – [글꼴] 그룹에서 [채우기
색]의 내림 단추를 눌러 '테마 색'에서 [주황, 강조 2, 40% 더 밝게]를
클릭하여 원본 결재란 영역의 배경색을 변경한다.

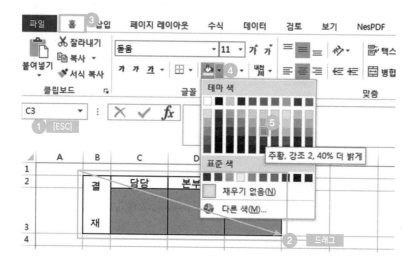

7 '법인카드' 시트로 이동하여 '결재' 영역의 배경색이 변경되었는지 확인한다.

결재	담당	본부장	대표이사

2 확인

1월 법인카드

본부	경영지원본부
일자	2021년 1월 28일
담당	김영희

1월 법인카드 사용내역

사용일시	목적	사용장소	금액	부서	사용자
2021-01-08	접대비	스시선수	560,000	경영지원본부	김철수
2021-01-09	접대비	스시초이	450,000	경영지원본부	김철수
2021-01-10	접대비	조선호텔	230,000	경영지원본부	김철수
2021-01-11	접대비	롯데호텔	120,000	경영지원본부	김철수
2021-01-16	접대비	신라호텔	230,000	경영지원본부	김철수
2021-01-17	접대비	삼청각	350,000	경영지원본부	김철수
2021-01-18	접대비	라쿠치나	240,000	경영지원본부	김철수
2021-01-21	접대비	파리스그릴	120,000	경영지원본부	김철수
2021-01-22	접대비	홍루	140,000	경영지원본부	김철수

1 법인카드 결재

참고

 수식 입력 규칙의 이해

1. 수시 작성 규칙

수식을 작성할 때는 아래와 같은 규칙을 지켜야 정확한 결과값을 구할 수 있다.

• 수식은 반드시 등호(=)로 시작해야 한다. 수식에 등호(=)를 지정하지 않으면 수식이 아닌 문자열로 인식되어 셀에 해당 값이 그대로 표시된다.
• 수식을 작성할 때는 셀 주소를 이용해야 정확하다. 수식을 작성할 때 값을 직접 입력하면 중간에 값이 바뀔 경우에는 다시 수정해야 한다. 하지만 값이 저장된 셀 주소를 지정하면 바뀐 값으로 자동으로 재계산되므로 데이터의 정확도를 높일 수 있다.
• 셀 주소는 마우스로 셀을 클릭해서 지정한다. 셀 주소를 직접 입력하면 시간이 많이 걸리고 오타가 발생할 수 있다. 따라서 마우스로 해당 셀을 클릭하는 방법으로 셀 주소를 지정해야 정확하고 편리하다.
• 수식 복사는 자동 채우기 핸들을 이용한다. 수식을 작성한 상태에서 셀 주소만 달라지면 자동 채우기 핸들을 드래그해서 수식을 복사할 수 있다. 이때 입력된 데이터의 아래쪽 끝까지 자동으로 수식을 복사하려면 자동 채우기 핸들을 더블클릭한다.

2. 수식의 구조

구조	설명
100+200+300	현재 셀에 '100+200+300'이라는 문자열을 표시한다.
=100+200+300	현재 셀에 100, 200, 300, 이렇게 세 개의 값을 더한 결과값을 표시한다.
=A2+C3+E4	현재 셀에 A2셀, C3셀, E4셀에 입력된 값을 더한 결과를 표시한다.

3. 함수 사용 규칙

• = 함수명(인수)

함수는 자주 사용하는 계산방식을 계산원리에 맞게 미리 프로그래밍해서 만들어놓은 것이다. 따라서 작업할 계산식을 어떤 함수로 처리할 수 있는지 함수 이름을 알아내고, 해당 함수의 사용법에 맞게 인수(값)을 지정하는 것이 중요하다.

구조	설명
=SUM(A1,A2,A3)	A1셀, A2셀, A3셀에 입력된 값을 더한 결과값을 표시한다.
=SUM(A1:B3)	A1셀부터 B3셀 사이의 모든 셀의 값을 더한 결과값을 표시한다.
=SUM(A1:A5,B7)	A1셀부터 A5셀 사이의 모든 셀과 B7셀을 더한 결과값을 표시한다.

- 함수마다 지정할 수 있는 인수의 개수가 다르다.
- 인수에는 문자, 숫자, 셀 주소, 범위 이름과 같이 정해진 유형의 값을 입력할 수 있다.

함수식	설명
=TODAY( )	인수가 필요 없는 함수로, 셀에 오늘 날짜를 표시한다.
=INDEX(데이터,1,3)	'데이터'라는 범위 이름의 영역에서 1행, 3열에 위치한 값을 표시 한다.
=IF(A5>=80, "초과","미달")	첫 번째 인수의 조건을 만족하면 두 번째 인수에 지정한 값을 표시하고, 그렇지 않으면 세 번째 인수에 지정한 값을 표시한다.
=LEFT(D3,2)	첫 번째 인수에 지정한 D3셀의 텍스트에서 왼쪽부터 두 개의 문자만 표시한다.

Ⅱ 연산자의 종류

- 수식을 작성할 때 여러 종류의 연산자를 이용할 경우 어떤 값을 먼저 계산할 것인지에 따라 결과값이 달라진다.
- 이때 연산자마다 우선순위가 있어서 우선순위에 맞게 계산된다.
- 우선순위가 같은 여러 개의 연산자를 사용한 경우에는 왼쪽에 위치한 연산자부터 계산되므로 먼저 계산할 연산자가 있으면 중괄호로 묶어서 작성한다.

1. 산술 연산자

산술 연산자는 더하기, 빼기, 곱하기, 나누기 등의 사칙연산에 사용하는 연산자이다.

연산자	의미	우선순위	사용 예시
%	백분율	1	=100*50%→50
^(캐럿)	지수(거듭제곱)	2	=3^2→9
*	곱하기	3	=100*50→5000
/	나누기	3	=100/50→2
+	더하기	4	=100+50→150
−	빼기	4	=100−50→50

2. 비교 연산자

비교 연산자는 서로 값이 같은지, 작은지, 큰지 등을 비교하는 연산자로, 결과값은 TRUE와 FALSE로 표시된다.

연산자	의미	우선순위	사용 예시
=	같다	6	=100=50→FALSE
〉	크다	6	=100〉50→TRUE
〈	작다	6	=100〈50→FALSE
〉=	크거나 같다	6	=100〉=50→TRUE
〈=	작거나 같다	6	=100〈=50→FALSE
◇	같지 않다	6	=100〈〉50→TRUE

3. 문자열 연결 연산자

문자열 연결 연산자는 두 개의 문자열을 하나로 이어서 표시할 때 사용한다.

연산자	의미	우선순위	사용 예시
&	문자열 연결	5	=100 &(앤드) "점" → 100점

4. 참조 연산자

참조 연산자는 함수식에서 사용할 셀 주소를 지정할 때 사용한다.

연산자	의미	사용 예시	결과값
:	서로 연속된 셀 영역 지정	=SUM(A3:A6)	A3셀에서 A6셀 사이의 모든 셀의 합
;	서로 떨어진 셀 영역 지정	=SUM(A3,A6)	A3셀과 A6셀, 이렇게 두 셀의 합

5. 연산자 우선순위의 사용 예시

=10+3^2*4
❸ ❶ ❷

① 수식에서 표시된 연산자 중에서 우선순위가 가장 높은 ^를 먼저 실행해서(3^2) '9'를 얻는다.
② 다음 우선순위인 *를 실행하므로 ①에서 얻은 '9*4'를 실행해서 '36'을 얻는다.
③ 다음 우선순위인 +를 실행하므로 ②에서 얻은 '10+36'을 실행해서 '46'을 얻는다.

3. 누적 근무시간의 합계 구하기

※예제파일: 누적 근무시간의 합계 구하기_예제, ※결과파일: 누적 근무시간의 합계 구하기_결과

	A	B	C	D	E	F
1			누적 근무시간 합계			
2						
3				근무시간 합계		
4		성명	출근시간	퇴근시간	근무시간	
5		김철수	8:30	18:30		
6		박영희	7:30	17:30		
7		배수지	9:00	18:00		
8		유재석	10:00	19:00		
9		박재영	8:00	18:00		
10		전원배	6:00	16:00		
11		김하나	13:00	20:00		
12		박두리	11:00	18:30		
13		김세리	10:00	21:00		

	A	B	C	D	E	F
1			누적 근무시간 합계			
2						
3				근무시간 합계	83:30	
4		성명	출근시간	퇴근시간	근무시간	
5		김철수	8:30	18:30	10:00	
6		박영희	7:30	17:30	10:00	
7		배수지	9:00	18:00	9:00	
8		유재석	10:00	19:00	9:00	
9		박재영	8:00	18:00	10:00	
10		전원배	6:00	16:00	10:00	
11		김하나	13:00	20:00	7:00	
12		박두리	11:00	18:30	7:30	
13		김세리	10:00	21:00	11:00	

1 E5셀에 수식 「=D5-C5」를 입력하고 [Enter]를 누른다.

2 E5셀에 근무시간 합계 값이 나오면 E5셀의 자동 채우기 핸들 위에

마우스 포인터를 올려놓은 후 '+' 모양으로 변경되면 더블클릭한다.

③ E열에 구한 근무시간의 합계를 구하기 위해 E3셀에 「=SU」를 입력하고 [SUM]을 더블클릭한다.

4 E3셀에 '=SUM)'가 자동으로 표시되면 합을 구할 첫 번째 셀인 E5셀을 클릭하고 [Ctrl] + [Shift] + [↓]를 누른다.

5 E5셀을 기준으로 데이터가 입력된 아래쪽 끝까지 범위가 자동으로 설정되었으면 [Enter]를 누른다.

	성명	출근시간	퇴근시간	
			누적 근무시간 합계	
			근무시간 합계	=SUM(E5:E13
	성명	출근시간	퇴근시간	
	김철수	8:30	18:30	10:00
	박영희	7:30	17:30	10:00
	배수지	9:00		9:00
	유재석	10:00	19:	
	박재영	8:00	18:00	10:00
	전원배	6:00	16:00	10:00
	김하나	13:00	20:00	7:00
	박두리	11:00	18:30	7:30
	김세리	10:00	21:00	11:00

범위 확인 → [Enter]
SUM(number1, [number2], ...)
클릭 → [Ctrl] + [Shift] + [↓]
9R x 1C

6 E3셀에 근무시간 합계를 누적시간으로 표시하기 위해 E3셀을 클릭하고 [Ctrl] + [1]을 누른다.

7 [셀 서식] 대화상자의 [표시 형식] 탭이 열리면 '범주'에서 [사용자 지정]을 선택하고 '형식'에 「[hh]:mm」을 입력한 후 [확인]을 클릭한다.

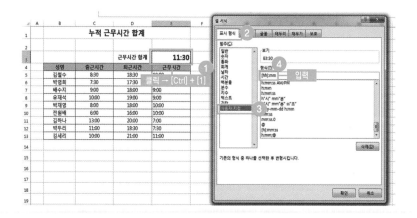

8 E3셀에 근무시간 합계가 누적되어 표시되었는지 확인한다.

	성명	출근시간	퇴근시간	근무시간
			근무시간 합계	83:30
5	김철수	8:30	18:30	10:00
6	박영희	7:30	17:30	10:00
7	배수지	9:00	18:00	9:00
8	유재석	10:00	19:00	9:00
9	박재영	8:00	18:00	10:00
10	전원배	6:00	16:00	10:00
11	김하나	13:00	20:00	7:00
12	박두리	11:00	18:30	7:30
13	김세리	10:00	21:00	11:00

누적 근무시간 합계

확인 ①

4. 특정 단어가 포함된 행에 서식 지정하기

※예제파일: 특정 단어가 포함된 행에 서식 지정하기_예제, ※결과파일: 특정 단어가 포함된 행에
서식 지정하기_결과

	A	B	C	D
1				
2			고객	
3				
4		챕터명	챕터	페이지
5		고객만족경영	1	2
6		고객만족경영의 개념	1	4
7		MB(Malcolm Baldrige) 모델의 적용	1	6
8		고객만족경영을 위한 관계마케팅	1	8
9		고객	2	14
10		고객 범주의 개요	2	18
11		고객심리의 이해	3	27
12		컴플레인 개념의 이해	2	34
13		서비스의 이해	3	40
14		열성고객	2	45
15		고객지원	4	49
16		서비스행동	3	50
17		서비스 표준화	5	5
18		불량고객	6	67
19		고객관계관리	5	76
20		서비스접점	4	87
21		서비스 커뮤니케이션	6	97

	A	B	C	D	E
1					
2			고객		
3					
4		챕터명	챕터	페이지	
5		고객만족경영	1	2	
6		고객만족경영의 개념	1	4	
7		MB(Malcolm Baldrige) 모델의 적용	1	6	
8		고객만족경영을 위한 관계마케팅	1	8	
9		고객	2	14	
10		고객 범주의 개요	2	18	
11		고객심리의 이해	3	27	
12		컴플레인 개념의 이해	2	34	
13		서비스의 이해	3	40	
14		열성고객	2	45	
15		고객지원	4	49	
16		서비스행동	3	50	
17		서비스 표준화	5	53	
18		불량고객	6	67	
19		고객관계관리	5	76	
20		서비스접점	4	87	
21		서비스 커뮤니케이션	6	97	
22					

1 C2셀에 입력한 '고객' 키워드가 포함된 행에 서식을 지정하기 위해
B5셀을 클릭하고 [Ctrl] + [Shift] + [End], [↓]를 눌러 전체 데이터 영
역을 선택한 다음 [홈] 탭 – [스타일] 그룹에서 [조건부 서식]을 클릭
하고 [새 규칙]을 선택한다.

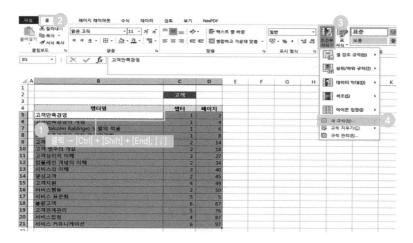

2 [새 서식 규칙] 대화상자가 열리면 직접 수식을 작성하기 위해 '규칙
유형 선택'에서 [수식을 사용하여 서식을 지정할 셀 결정]을 선택한
다. '다음 수식이 참인 값의 서식 지정'에 「=FIND(C2,$B5)>=1」을
입력하고 [서식]을 클릭한다.

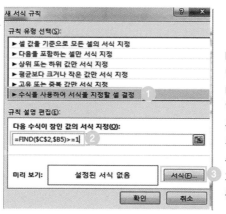

[함수식 설명]

FIND 함수는 지정한 문자열에서 특정
단어가 몇 번째에 위치하는지 알아낼
때 사용한다.

'=FIND("D","ABCDEFD")'를 지정하면
문자열 ABCDEFG에서 C가 세 번째
위치하므로 결과 값으로 '3'을 얻을
수 있다. 따라서, FIND 함수를 실행한 결
과가 1보다 크거나 같으면 단어가 해당
문자열에 있다는 의미이다.

③ [셀 서식] 대화상자가 열리면 [글꼴] 탭의 '글꼴 스타일'은 [굵게], '색'
은 '테마 색'에서 [파랑, 강조 1, 50% 더 어둡게]를 클릭한다. [채우기]
탭을 클릭하고 '배경색'에서 [연한 파랑색]을 클릭한 다음 [확인]을 클
릭한다.

4 [새 서식 규칙] 대화상자로 되돌아오면 '미리보기'에서 지정한 조건에 설정한 서식을 확인하고 [확인]을 클릭한다.

5 데이터 영역에서 C2셀에 입력된 '고객'이 포함된 챕터명에 앞에서 지정한 서식이 설정되었는지 확인한다.

	챕터명	챕터	페이지
	고객		
	챕터명	**챕터**	**페이지**
	고객만족경영	1	2
	고객만족경영의 개념	1	4
	MB(Malcolm Baldrige) 모델의 적용	1	6
	고객만족경영을 위한 관계마케팅	1	8
	고객	2	14
	고객 범주의 개요	2	18
	고객심리의 이해	3	27
	컴플레인 개념의 이해	2	34
	서비스의 이해	3	40
	열성고객	2	45
	고객지원	4	49
	서비스행동	3	50
	서비스 표준화	5	53
	불량고객	6	67
	고객관계관리	5	76
	서비스접점	4	87
	서비스 커뮤니케이션	6	97

확인

5. 평균 구하기 – AVERAGE, AVERAGEA 함수

※예제파일: 평균 구하기_예제. ※결과파일: 평균 구하기_결과

제품명	영업 1팀	영업 2팀	영업 3팀	매출 합계	평균 매출
	2021년도 4월 영업 본부별 매출 현황				
QWER	420,000	250,000	150,000	820,000	
ERE	145,000	80,000	560,000	785,000	
RTRT	220,000	60,000	45,000	325,000	
TYT	준비 중	준비 중	준비 중	-	
ERT	760,000	45,000	673,000	1,478,000	
UTYU	40,000	53,000	50,000	143,000	
WEE	56,000	453,000	6,000	515,000	
UIK	670,000	460,000	9,000	1,139,000	
DFD	234,000	7,000	254,000	495,000	
RTER	준비 중	준비 중	준비 중	-	
HJHG	6,000	675,000	230,000	911,000	
ERW	준비 중	30,000	70,000	100,000	
JHG	준비 중	준비 중	240,000	240,000	

제품명	영업 1팀	영업 2팀	영업 3팀	매출 합계	평균 매출
	2021년도 4월 영업 본부별 매출 현황				
QWER	420,000	250,000	150,000	820,000	273,333
ERE	145,000	80,000	560,000	785,000	261,667
RTRT	220,000	60,000	45,000	325,000	108,333
TYT	준비 중	준비 중	준비 중	-	
ERT	760,000	45,000	673,000	1,478,000	492,667
UTYU	40,000	53,000	50,000	143,000	47,667
WEE	56,000	453,000	6,000	515,000	171,667
UIK	670,000	460,000	9,000	1,139,000	379,667
DFD	234,000	7,000	254,000	495,000	165,000
RTER	준비 중	준비 중	준비 중	-	
HJHG	6,000	675,000	230,000	911,000	303,667
ERW	준비 중	30,000	70,000	100,000	33,333
JHG	준비 중	준비 중	240,000	240,000	80,000

형식	=AVERAGE(대상1, 대상2, 대상3, · · · ·)
	=AVERAGEA(대상1, 대상2, 대상3, · · · ·)
용도	AVERAGE 함수 : 지정한 영역에서 숫자 셀의 평균을 구함
	AVERAGEA 함수: 지정한 영역에서 빈 셀을 제외한 값이 입력된 셀의 평균을 구함
인수	대상1, 대상2, 대상3: 평균을 구할 셀 또는 범위 영역

1 평균을 구할 G4셀을 클릭하고 [수식] 탭 – [함수 라이브러리] 그룹에서 [자동합계]의 내림 단추를 눌러 [평균]을 선택한다.

2 G4셀에 자동으로 「=AVERAGE(C4:F4)」가 표시되면 F열의 매출 합계는 평균 대상에서 제외해야 하므로 새롭게 C4:E4 범위를 선택하고 [ENTER]를 눌러 함수식을 완성한다.

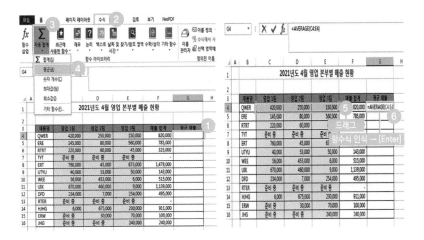

3 G4셀에 영업 본부별 평균 매출을 구했으면 G4셀을 클릭한 후 G4셀의 [사동 채우기핸들(+)]을 더블클릭해서 나머지 제품에도 평균을 구하는 함수식을 복사한다. AVERAGE 함수는 대상 범위 영역에서 숫자 셀만 더해서 해당 개수로 나누는데, 7행의 'TYT'제품은 세 팀이 모두 '준비중'이어서 숫자 값이 없으므로 0으로 나누어 「#DIV/0!」 표시되는 오류가 발생했다.

4 매출 금액에 '준비중'이 입력된 셀도 평균 대상에 포함해서 계산하기 위해 G4셀을 더블클릭한다. 함수식이 표시되면 [AVERAGE]를 [AV-ERAGEA]로 수정하고 [ENTER]를 누른다.

5 G4셀을 클릭하고 G4셀의 [자동채우기핸들(+)]을 더블클릭해서 나머지 항목에도 함수식을 복사한다. 7행, 13행, 15행, 16행의 '준비중'인 데이터도 평균 대상에 포함되어 매출 평균이 수정되었는지 확인한다.

2021년도 4월 영업 본부별 매출 현황

제품명	영업 1팀	영업 2팀	영업 3팀	매출 합계	평균 매출
QWER	420,000	250,000	150,000	820,000	273,333
ERE	145,000	80,000	560,000	785,000	261,667
RTRT	220,000	60,000	45,000	325,000	108,333
TYT	준비 중	준비 중	준비 중	-	-
ERT	760,000	45,000	673,000	1,478,000	492,667
UTYU	40,000	53,000	50,000	143,000	47,667
WEE	56,000	453,000	6,000	515,000	171,667
UIK	670,000	460,000	9,000	1,139,000	379,667
DFD	234,000	7,000	254,000	495,000	165,000
RTER	준비 중	준비 중	준비 중	-	-
HJHG	6,000	675,000	230,000	911,000	303,667
ERW	준비 중	30,000	70,000	100,000	33,333
JHG	준비 중	준비 중	240,000	240,000	80,000

6. 전체 제품 수와 판매하는 제품 수 구하기
– COUNT, COUNTA, COUNTBLANK 함수

※예제파일: 전체 제품 수와 판매하는 제품 수 구하기_예제, ※결과파일: 전체 제품 수와 판매하는 제품 수 구하기_결과

2021년도 4월 영업 본부별 매출 현황

	제품명	영업 1팀	영업 2팀	영업 3팀	매출 합계
전체 제품수					
판매중인 제품수					
	QWER	420,000	250,000	150,000	820,000
	ERE	145,000	80,000	560,000	785,000
	RTRT	220,000	60,000	45,000	325,000
	TYT	준비 중	준비 중	준비 중	-
	ERT	760,000	45,000	673,000	1,478,000
	UTYU	40,000	53,000	50,000	143,000
	WEE	56,000	453,000	6,000	515,000
	UIK	670,000	460,000	9,000	1,139,000
	DFD	234,000	7,000	254,000	495,000
	RTER	준비 중	준비 중	준비 중	-
	HJHG	6,000	675,000	230,000	911,000
	ERW	준비 중	30,000	70,000	100,000
	JHG	준비 중	준비 중	240,000	240,000

2021년도 4월 영업 본부별 매출 현황

	제품명	영업 1팀	영업 2팀	영업 3팀	매출 합계
전체 제품수	13				
판매중인 제품수	9	10	11		
	QWER	420,000	250,000	150,000	820,000
	ERE	145,000	80,000	560,000	785,000
	RTRT	220,000	60,000	45,000	325,000
	TYT	준비 중	준비 중	준비 중	-
	ERT	760,000	45,000	673,000	1,478,000
	UTYU	40,000	53,000	50,000	143,000
	WEE	56,000	453,000	6,000	515,000
	UIK	670,000	460,000	9,000	1,139,000
	DFD	234,000	7,000	254,000	495,000
	RTER	준비 중	준비 중	준비 중	-
	HJHG	6,000	675,000	230,000	911,000
	ERW	준비 중	30,000	70,000	100,000
	JHG	준비 중	준비 중	240,000	240,000

형식	=COUNT(대상1, 대상2, 대상3, · · · ·)
	=COUNTA(대상1, 대상2, 대상3, · · · ·)
	=COUNTBLANK(대상1, 대상2, 대상3, · · · ·)
용도	COUNT 함수 : 지정한 영역에서 숫자 셀의 개수를 구함
	COUNTA 함수: 지정한 영역에서 빈 셀을 제외한 값이 입력된 셀의 개수를 구함
	COUNTBLANK 함수 : 지정한 영역에서 빈 셀의 개수를 구함
인수	대상1, 대상2, 대상3: 개수를 구할 셀 또는 범위 영역

1 C3셀에 전체 제품 개수를 구하기 위해 「=COU」를 입력한다. 'COU'
   로 시작하는 함수목록이 표시되면 [COUNTA]를 더블클릭한다.

2 C3셀에 자동으로 「=COUNTA)」가 표시되면 개수를 구할 데이터가
   입력된 C6셀을 클릭하고 [Ctrl] + [Shift] + [↓]를 누른다.

3 데이터가 입력된 아래쪽 마지막 셀까지 범위가 자동으로 지정되면서
   「=COUNTA(C6:C18」이 표시되면 ')'를 입력하고 [ENTER]를 누른다.

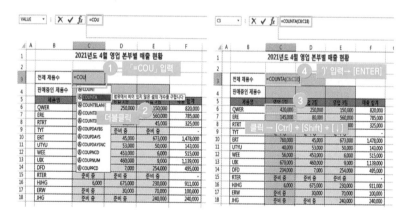

4 C4셀에 판매중인 제품 수량을 구하기 위해 C4셀을 클릭하고 [수식]
   탭 − [함수 라이브러리] 그룹에서 [자동 합계]의 내림 단추를 눌러
   [숫자 개수]를 선택한다.

5 C4셀에 자동으로「=COUNT(C3)」이 표시되면 개수를 구할 데이터가 입력된 C6:C18범위를 선택한다.「=COUNT(C6:C18)」이 표시되면 [ENTER]를 눌러 함수식을 완성한다.

6 C4셀에 '준비 중'인 제품을 제외하고 매출 금액이 있는 셀의 개수를 구했으면 C4셀의 [자동채우기핸들(+)]을 E4셀까지 드래그해서 나머지 셀에도 함수식을 복사한다.

	A	B	C	D	E	F
1			2021년도 4월 영업 본부별 매출 현황			
2						
3		전체 제품수	13			
4		판매중인 제품수		10	11	
5		제품명	영업 1팀		영업 3팀	매출 합계
6		QWER	420,000	250,000	150,000	820,000
7		ERE	145,000	80,000	560,000	785,000
8		RTRT	220,000	60,000	45,000	325,000
9		TYT	준비 중	준비 중	준비 중	-
10		ERT	760,000	45,000	673,000	1,478,000
11		UTYU	40,000	53,000	50,000	143,000
12		WEE	56,000	453,000	6,000	515,000
13		UIK	670,000	460,000	9,000	1,139,000
14		DFD	234,000	7,000	254,000	495,000
15		RTER	준비 중	준비 중	준비 중	-
16		HJHG	6,000	675,000	230,000	911,000
17		ERW	준비 중	30,000	70,000	100,000
18		JHG	준비 중	준비 중	240,000	240,000

7. 최고 매출과 최소 매출 금액 구하기
– MAX, MIN, MEDIAN 함수

※예제파일: 최고 매출과 최소 매출 금액 구하기_예제, ※결과파일: 최고 매출과 최소 매출 금액 구하기_결과

2021년도 4월 영업 본부별 매출 현황

제품명	영업 1팀	영업 2팀	영업 3팀	매출 합계
최고 매출 금액				
최소 매출 금액				
QWER	420,000	250,000	150,000	820,000
ERE	145,000	80,000	560,000	785,000
RTRT	220,000	60,000	45,000	325,000
TYT	준비 중	준비 중	준비 중	-
ERT	760,000	45,000	673,000	1,478,000
UTYU	40,000	53,000	50,000	143,000
WEE	56,000	453,000	6,000	515,000
UIK	670,000	460,000	9,000	1,139,000
DFD	234,000	7,000	254,000	495,000
RTER	준비 중	준비 중	준비 중	-
HJHG	6,000	675,000	230,000	911,000
ERW	준비 중	30,000	70,000	100,000
JHG	준비 중	준비 중	240,000	240,000

2021년도 4월 영업 본부별 매출 현황

제품명	영업 1팀	영업 2팀	영업 3팀	매출 합계
최고 매출 금액	760,000	675,000	673,000	
최소 매출 금액	6,000	7,000	6,000	
QWER	420,000	250,000	150,000	820,000
ERE	145,000	80,000	560,000	785,000
RTRT	220,000	60,000	45,000	325,000
TYT	준비 중	준비 중	준비 중	-
ERT	760,000	45,000	673,000	1,478,000
UTYU	40,000	53,000	50,000	143,000
WEE	56,000	453,000	6,000	515,000
UIK	670,000	460,000	9,000	1,139,000
DFD	234,000	7,000	254,000	495,000
RTER	준비 중	준비 중	준비 중	-
HJHG	6,000	675,000	230,000	911,000
ERW	준비 중	30,000	70,000	100,000
JHG	준비 중	준비 중	240,000	240,000

형식	=MAX(대상1, 대상2, 대상3, · · · ·) =MIN(대상1, 대상2, 대상3, · · · ·) =MEDIAN(대상1, 대상2, 대상3, · · · ·)
용도	MAX 함수 : 지정한 영역에서 가장 큰 숫자 값을 구함 MIN 함수: 지정한 영역에서 가장 작은 숫자 값을 구함 MEDIAN 함수: 지정한 영역에서 중간 값을 구함
인수	대상1, 대상2, 대상3: 값을 구할 셀 또는 범위 영역

1 영업 본부별 최고 매출 금액을 구하기 위해 C3셀을 클릭한다. [수식]
탭 - [함수 라이브러리] 그룹에서 [자동 합계]의 내림 단추를 눌러
[최대값]을 선택한다.

2 C3셀에 자동으로 「=MAX( )」가 표시되면 최댓값을 구할 대상으로 C6셀
을 클릭하고 [Ctrl] + [Shift] + [↓]를 누른다. C3셀에 자동으로「=MAX-
(C6:C18)」범위가 지정되면 [ENTER]를 누른다. C3셀에 C6:C18 범위에
입력된 매출 금액 중에서 가장 큰 값이 표시된 것을 확인한다.

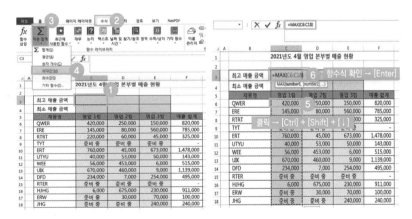

③ 영업 본부별 최소 매출 금액을 구하기 위해 C4셀을 클릭한 상태에서 [수식] 탭 – [함수 라이브러리] 그룹의 [함수 더보기 혹은 기타 함수]를 선택한 후 [통계] – [MIN]을 선택한다.

④ MIN 함수의 [함수 인수] 대화상자가 열리면 'Number 1'의 입력상자에 커서를 올려놓고 C6:C18범위를 선택한 후 [확인]을 클릭한다.

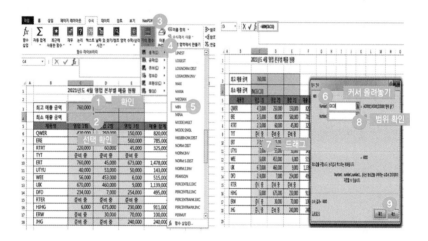

⑤ C4셀에 C6:C18범위에서 가장 작은 숫자가 표시되었다. C3:C4범위를 선택하고 C4셀의 [자동채우기핸들(+)]을 E4셀까지 드래그해서 다른 지점에도 같은 함수식을 복사한다.

A	B	C	D	E	F
1		2021년도 4월 영업 본부별 매출 현황			
2					
3	최고 매출 금액	760,000	675.000	673.000	드래그
4	최소 매출 금액	6,000	7,000	6,000	드래그
5	제품명	영업 1팀	영업 2팀	영업 3팀	매출 합계
6	QWER	420,000	250,000	150,000	820,000
7	ERE	145,000	80,000	560,000	785,000
8	RTRT	220,000	60,000	45,000	325,000
9	TYT	준비 중	준비 중	준비 중	-
10	ERT	760,000	45,000	673,000	1,478,000
11	UTYU	40,000	53,000	50,000	143,000
12	WEE	56,000	453,000	6,000	515,000
13	UIK	670,000	460,000	9,000	1,139,000
14	DFD	234,000	7,000	254,000	495,000
15	RTER	준비 중	준비 중	준비 중	-
16	HJHG	6,000	675,000	230,000	911,000
17	ERW	준비 중	30,000	70,000	100,000
18	JHG	준비 중	준비 중	240,000	240,000

8. 점수별로 '합격', '불합격' 표시하기 – IF 함수

※예제파일: 8. 점수별로 합격불합격 표시하기_예제 . ※결과파일: 8. 점수별로 합격불합격 표시하기_결과

번호	이름	점수	평가	3월	4월	증가/감소	차이
1	김철수	86		90	98		
2	박영희	78		67	97		
3	유재석	67		75	82		
4	김석진	73		72	88		
5	민윤기	-		75	80		
6	정호석	87		86	92		
7	박지민	67		85	75		
8	김태형	87		79	55		
9	전정국	64		82	91		
10	공지철	69		96	66		
11	이동욱	83		90	77		
12	임윤아	65		86	73		
13	김설희	58		77	82		
14	배수지	73		74	79		
15	이슬비	67		50	73		
16	박슬기	87		71	83		
17	한재석	58		74	75		
18	오해영	50		68	54		
19	김혜수	52		71	80		
20	김제니	69		83	59		
21	박지수	79		88	71		
22	이지은	92		77	55		

번호	이름	점수	평가	3월	4월	증가/감소	차이
1	김철수	86	합격	90	98	▲	
2	박영희	78	불합격	67	97	▲	
3	유재석	67	불합격	75	82	▲	
4	김석진	73	불합격	72	88	▲	
5	민윤기	-	불합격	75	80	▲	
6	정호석	87	합격	86	92	▲	
7	박지민	67	불합격	85	75	▽	
8	김태형	87	합격	79	55	▽	
9	전정국	64	불합격	82	91	▲	
10	공지철	69	불합격	96	66	▽	
11	이동욱	83	합격	90	77	▽	
12	임윤아	65	불합격	86	73	▽	
13	김설희	58	불합격	77	82	▲	
14	배수지	73	불합격	74	79	▲	
15	이슬비	67	불합격	50	73	▲	
16	박슬기	87	합격	71	83	▲	
17	안재석	58	불합격	74	75	▲	
18	오해영	50	불합격	68	54	▽	
19	김혜수	52	불합격	71	80	▲	
20	김제니	69	불합격	83	59	▽	
21	박지수	79	불합격	88	71	▽	
22	이지은	92	합격	77	55	▽	

형식	=IF(조건식,참,거짓)
용도	조건에 따라 참일 때와 거짓일 때 서로 다른 결과를 표시할 경우에 사용
인수	조건식: 비교할 조건 지정 참: 조건식이 참일 때 실행하고 싶은 값 또는 수식 지정 거짓: 조건식이 거짓일 때 실행하고 싶은 값 또는 수식 지정

1️⃣ 점수가 80점 이상이면 '합격', 그렇지 않으면 '불합격'을 표시하기 위해 값을 구할 D3셀을 클릭하고 [수식] 탭 - [함수 라이브러리] 그룹에서 [논리]를 클릭한 후 [IF]를 선택한다.

2️⃣ IF 함수의 [함수인수] 대화상자가 열리면 「Logical_test」에는 「C3〉=80」을 지정하고 「Value_if_true」에는 「"합격"」을 지정하고 「Value_if_false」에는 「"불합격"」을 입력한 후 [확인]을 클릭한다.

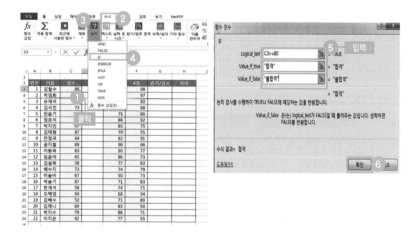

TIP

- 「Value_if_true」와 「Value_if_false」 인수에 큰따옴표 없이 「합격」과 「불합격」을 입력해
  도 자동으로 큰따옴표 안에 '합격'과 '불합격'이 표시된다. 하지만 직접 수식을 입력할
  때는 반드시 큰따옴표를 지정해야 한다.

③ D3셀을 클릭한 다음 수식 입력줄에서 「=IF(C3>=80,"합격","불합격")」
과 같이 함수식이 지정되었는지 확인한다. D3셀의 값이 80보다 큰
86점이므로 '합격'이 표시되었는지 확인하고, D3셀의 [자동채우기핸
들]을 더블클릭해서 다른 학습자들의 합격, 불합격 여부도 구한다.

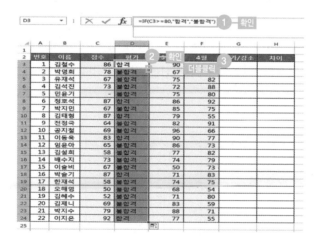

④ 이번에는 1월 점수 대비 2월 점수가 높으면 '증가', 그렇지 않으면 '감
소'를 표시하기 위해 값을 구할 G3셀을 클릭하고 [수식] 탭 – [함수
라이브러리] 그룹에서 [논리]를 클릭한 후 [IF]를 선택한다.

⑤ IF 함수의 [함수인수] 대화상자가 열리면 「Logical_test」에는
「E3<=F3」을 지정하고, 「Value_if_true」에는 「ㅁ」을 입력하고 [한
자]를 누른 후 기호 목록에서 [보기변경] 단추를 클릭한다. 기호목록
이 확장되어 표시되면 [▲]을 클릭한다. 동일한 방법으로 「Value_if_

false」에는 [▽]을 지정하여 입력하고 [확인]을 클릭한다.

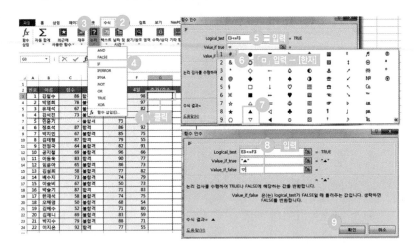

6 G3셀에 함수식 「=IF(E3〈=F3, "▲","▽")」이 완성되면서 증감 여부가
   표시되었다. G3셀의 [자동채우기핸들]을 더블클릭해서 나머지 행에
   도 함수식을 복사한다.

비즈니스 문서작성법 **Ⅱ**

피벗 테이블 작성하기

1. 피벗 테이블 만들기

※예제파일: 피벗 테이블 만들기_예제. ※결과파일: 피벗 테이블 만들기_결과

ID	이름	입사일	나이	성별	직위	팀명	지역	유형	거래처코드	매출수량	매출실적
1	김철수	2010-12-13	30	남	사원	영업1팀	서울	ABC	2803-001122	5,000	6,500,000
2	박영희	2014-01-03	24	여	대리	영업1팀	서울	ABD	1230-001293	50,000	34,000,000
3	유재석	2018-03-04	45	남	대리	영업1팀	서울	ABC	1230-001295	60,000	23,000,000
4	김석진	2015-01-02	23	남	과장	영업2팀	부산	ABC	2803-001452	34,200	24,000,000
5	민윤기	2018-04-02	34	남	과장	영업2팀	부산	ABD	1230-001291	30,000	6,500,000
6	정호석	2016-03-07	54	남	대리	영업1팀	서울	ABD	2803-001124	10,000	34,400,000
7	박지민	2011-05-01	37	남	대리	영업1팀	서울	BDF	2803-001342	32,200	75,000,000
8	김태형	2012-08-03	52	남	차장	영업2팀	서울	BDF	2803-001675	4,000	56,000,000
9	전정국	2019-03-05	43	남	대리	영업1팀	서울	ABD	2803-001783	25,000	24,000,000
10	공지철	2011-02-01	56	남	부장	영업2팀	대구	ABD	2803-001909	3,000	15,500,000
11	이동욱	2012-04-01	24	남	과장	영업2팀	부산	ABC	2803-001013	79,200	52,000,000
12	임윤아	2020-01-03	35	여	부장	해외영업	유럽	ABC	1230-001343	85,000	174,000
13	김설희	2014-06-01	38	여	사원	영업2팀	서울	BDF	2803-001013	60,000	65,000,000
14	배수지	2018-09-01	26	여	사원	해외영업	미주	BDF	2803-001625	4,000	97,000,000
15	이슬비	2016-02-17	44	여	과장	해외영업	미주	BDF	2803-001634	6,000	4,500,000
16	박슬기	2019-09-03	32	여	과장	영업1팀	부산	ABC	2803-001643	90,000	67,000,000
17	한재석	2017-09-03	29	남	사원	해외영업	유럽	ABC	2803-001732	23,000	345,000
18	오혜영	2015-05-24	54	여	부장	해외영업	유럽	ABC	2803-001625	50,000	244,000
19	김혜수	2016-10-07	59	여	차장	영업2팀	대구	ABD	2803-001667	64,000	18,000,000
20	김제니	2019-08-01	51	여	부장	영업2팀	대구	ABD	2803-001750	22,000	4,550,000
21	박지수	2013-06-07	66	여	부장	영업1팀	부산	ABC	2803-001751	87,000	73,000,000
22	이지은	2011-10-19	22	여	사원	해외영업	유럽	ABD	2803-001752	22,000	24,000,000
23	김True정	2015-06-17	33	남	대리	해외영업	미주	BDF	2803-001734	25,000	67,000,000
24	박정현	2016-08-13	44	여	과장	해외영업	미주	BDF	2803-001740	54,400	4,440,000
25	김범수	2017-10-09	49	남	과장	해외영업	유럽	BDF	2803-001750	50,000	30,000,000
26	윤종신	2017-02-01	28	남	대리	해외영업	유럽	ABD	2803-001731	80,000	7,300,000
27	병성훈	2016-08-31	42	남	대리	영업1팀	대구	ABD	2803-001784	34,000	45,400,000
28	이서진	2015-04-10	28	남	사원	영업1팀	부산	ABC	2803-001654	70,000	6,500,000
29	이승기	2017-11-14	36	남	사원	영업2팀	대구	ABD	2803-001684	15,600	55,000,000
30	이효리	2017-12-10	28	여	사원	영업2팀	부산	ABC	2803-001732	21,000	33,000,000

	A	B	C	D	E	F
1	성별	남				
2	지역	(다중 항목)				
3						
4	합계 : 매출수량	열 레이블				
5	행 레이블	ABC	ABD	BDF	총합계	
6	과장	113400	30000		143400	
7	대리	60000	35000	32200	127200	
8	사원	5000		70000	75000	
9	차장			4000	4000	
10	총합계	178400	65000	106200	349600	
11						

1 서울과 부산 지역 남자 사원의 직위와 유형별 매출수량의 합계를 구하기 위해 데이터 영역에 있는 하나의 셀을 클릭하고 [삽입] 탭 − [표] 그룹에서 [피벗 테이블]을 클릭한다.

2 [피벗 테이블 만들기] 대화상자가 열리면 '분석할 데이터를 선택하십시오.'에서 [표 또는 범위 선택]을 선택하고, '표/범위'에는 데이터 영역이 자동으로 지정되었는지 확인한다. '피벗 테이블 보고서를 넣을 위치를 선택하십시오.'에서 [새 워크시트]를 선택하고 [확인]을 클릭한다.

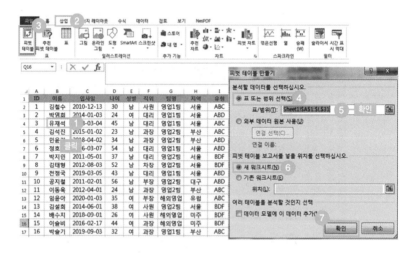

3 새로운 [Sheet 1] 시트가 삽입되면서 화면의 오른쪽에 [피벗 테이블 필드] 창이 열리면 '보고서에 추가할 필드 선택'에서 [성별] 필드와 [지역] 필드를 '필터' 영역으로 드래그한다.

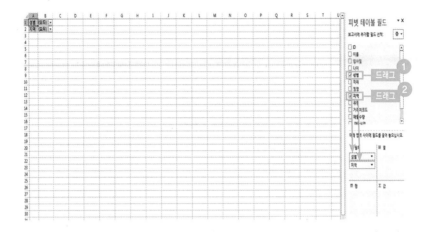

4 [피벗 테이블 필드] 창의 '보고서에 추가할 필드 선택'에서 [유형] 필드는 '열' 영역으로, [직위] 필드는 '행' 영역으로, [매출수량] 필드는 '값' 영역으로 드래그한다.

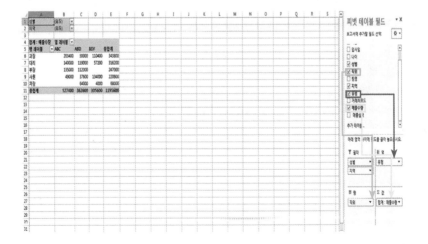

5 각 영역에 드래그한 필드에 맞게 워크시트에 자동으로 데이터가 완성되었으면 워크시트에서 [성별]의 내림 단추를 눌러 [남]을 선택하고 [확인]을 선택한다.

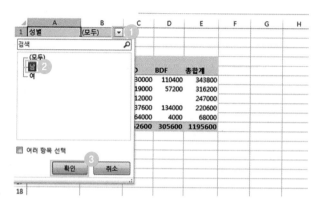

6 남자 데이터만 필터링되면서 피벗 테이블에 표시된 값이 재계산되었으면 다시 [지역]의 내림 단추를 눌러 [여러 항목 선택]에 체크한다. [(모두)]의 체크를 해제하고 [서울]과 [부산]에만 체크한 다음 [확인]을 클릭한다.

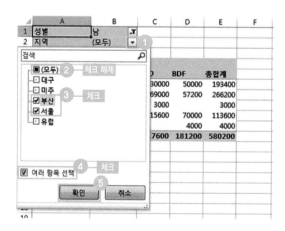

7 '서울'과 '부산' 지역의 남자 사원 데이터만 필터링되면서 해당 데이터
만의 직위와 유형별로 수량의 합계가 구해졌는지 확인한다.

⟋	A	B	C	D	E
1	성별	남 ▼			
2	지역	(다중 항목) ▼			
3					
4	합계 : 매출수량	열 레이블 ▼			
5	행 레이블 ▼	ABC	ABD	BDF	총합계
6	과장	113400	30000		143400
7	대리	60000	35000	32200	127200
8	사원	5000		70000	75000
9	차장			4000	4000
10	총합계	178400	65000	106200	349600
11					

확인

2. 피벗 테이블의 레이아웃과 디자인 변경하기

※예제파일: 피벗 테이블 레이아웃과 디자인 변경하기_예제. ※결과파일: 피벗 테이블 레이아웃과
　디자인 변경하기_결과

	A	B	C	D	E	F
1	성별	남				
2	지역	(다중 항목)				
3						
4	합계 : 매출수량	열 레이블				
5	행 레이블	ABC	ABD	BDF	총합계	
6	과장	113400	30000		143400	
7	대리	60000	35000	32200	127200	
8	사원	5000		70000	75000	
9	차장			4000	4000	
10	총합계	178400	65000	106200	349600	
11						

	A	B	C	D	E	F
4	개수 : 이름	열 레이블				
5	행 레이블	영업1팀	영업2팀	해외영업	총합계	
6	⊟과장	1	3	3	7	
7	⊟남		3	1	4	
8	김범수			1	1	
9	김석진		1		1	
10	민윤기		1		1	
11	이동욱		1		1	
12	⊟여	1		2	3	
13	박슬기	1			1	
14	박정현			1	1	
15	이슬비			1	1	
16	⊟대리	5	1	2	8	
17	⊟남	4	1	2	7	
18	김공유			1	1	
19	박지민		1		1	
20	방성훈	1			1	
21	유재석	1			1	
22	윤종신			1	1	
23	전정국	1			1	
24	정호석	1			1	
25	⊟여	1			1	
26	박영희	1			1	
27	⊟부장	1	2	2	5	
28	⊟남		1		1	
29	공지철		1		1	
30	⊟여	1	1	2	4	
31	김제니		1		1	
32	박지수	1			1	
33	오해영			1	1	
34	임윤아			1	1	
35	⊟사원	2	3	3	8	
36	⊟남	2	1	1	4	
37	김철수	1			1	
38	이서진	1			1	
39	이승기		1		1	
40	한재석			1	1	
41	⊟여		2	2	4	
42	김설희		1		1	
43	배수지			1	1	
44	이지은			1	1	
45	이효리		1		1	
46	⊟차장		2		5	

1 기존에 작성한 피벗 테이블의 레이아웃을 변경하기 위해 [Sheet 1] 시트에서 피벗 테이블에 있는 하나의 셀을 클릭한 다음 [피벗 테이블 필드] 창의 '필터' 영역에 배치된 [성별]을 '행' 영역의 [직위] 아래로 클릭한다.

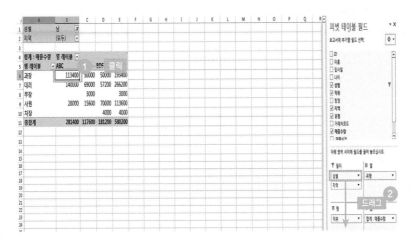

2 불필요한 필드를 없애기 위해 '열' 영역에 배치된 [유형] 필드를 선택하고 [필드 제거]를 선택한다. 동일한 방법으로 '값' 영역에 배치된 [매출수량] 필드도 제거한다.

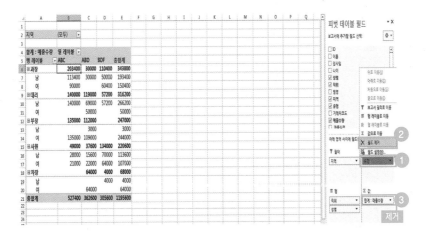

3 '열' 영역에는 [팀명] 필드를, '값' 영역에는 [이름] 필드를 드래드하여 배치한다. 각 영역에 배치된 필드에 맞게 자동으로 피벗 테이블의 레이아웃이 재설정되면서 데이터 값이 재계산되면 [피벗 테이블 도구]의 [디자인] 탭 - [피벗 테이블 스타일] 그룹에서 [자세히] 단추를 클릭한 후 '밝게'에서 [피벗 스타일 밝게 23]을 클릭한다.

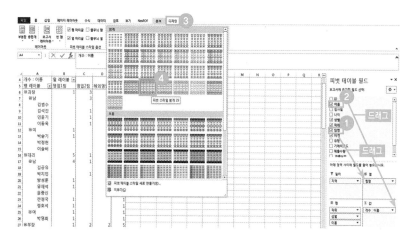

4 피벗 테이블에 새로운 디자인이 적용되면 [피벗 테이블 도구]의 [디자인] 탭 - [피벗 테이블 스타일 옵션] 그룹에서 [줄무늬 행]에 체크하여 가독성이 좋은 피벗 테이블을 완성한다.

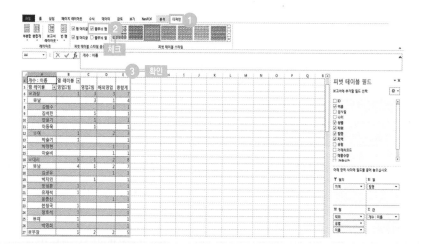

3. 피벗 테이블에 적용할 함수와 값 표시 형식 지정하기

※예제파일: 피벗 테이블에 적용할 함수와 값 표시 형식 지정하기_예제. ※결과파일: 피벗 테이블에 적용할 함수와 값 표시 형식 지정하기_결과

	A	B	C	D
1				
2	지역	(모두)		
3				
4	행 레이블	개수 : 이름	합계 : 매출수량	합계 : 매출실적
5	영업1팀	9	431000	313800000
6	과장	1	90000	67000000
7	대리	5	179000	160800000
8	부장	1	87000	73000000
9	사원	2	75000	13000000
10	영업2팀	11	365200	404550000
11	과장	3	143400	82500000
12	대리	1	32200	75000000
13	부장	2	25000	20050000
14	사원	3	96600	153000000
15	차장	2	68000	74000000
16	해외영업	10	399400	235003000
17	과장	3	110400	38940000
18	대리	2	105000	74300000
19	부장	2	135000	418000
20	사원	3	49000	121345000
21	총합계	30	1195600	953353000

	A	B	C	D
1				
2	지역	(모두)		
3				
4	행 레이블	개수 : 이름	평균 : 매출수량	합계 : 매출실적
5	영업1팀	9	47,889	32.92%
6	과장	1	90,000	7.03%
7	대리	5	35,800	16.87%
8	부장	1	87,000	7.66%
9	사원	2	37,500	1.36%
10	영업2팀	11	33,200	42.43%
11	과장	3	47,800	8.65%
12	대리	1	32,200	7.87%
13	부장	2	12,500	2.10%
14	사원	3	32,200	16.05%
15	차장	2	34,000	7.76%
16	해외영업	10	39,940	24.65%
17	과장	3	36,800	4.08%
18	대리	2	52,500	7.79%
19	부장	2	67,500	0.04%
20	사원	3	16,333	12.73%
21	총합계	30	39,853	100.00%
22				

1 피벗 테이블에 표시된 값에 적용할 함수를 변경하기 위해 '매출수량'
의 합계가 구해진 '합계 : 매출수량' 항목에 있는 하나의 셀을 클릭한
다음 마우스 우클릭하여 [값 요약 기준] – [평균]을 선택한다.

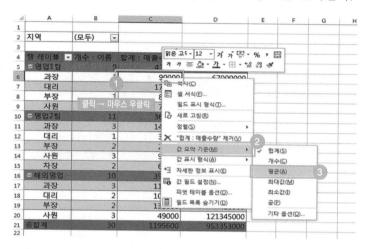

2 C열의 '매출수량' 항목의 데이터가 모두 평균으로 변경되었으면 값
표시 형식을 변경하기 위해 '매출수량' 항목에 있는 하나의 셀을 클
릭한 다음 마우스 우클릭하여 [필드 표시 형식]을 선택한다.

3 [셀 서식] 대화상자의 [표시 형식] 탭이 열리면 '범주'에서 [사용자
지정]을 선택하고 '형식'에 「#,##0_-」을 입력한 다음 [확인]을 클릭
한다.

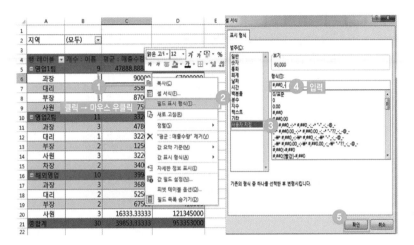

4 '평균 : 매출수량' 데이터에 천 단위마다 콤마가 표시되고 숫자 값 뒤
에 공백이 한 칸 표시되었음을 확인한다. D열의 '합계 : 매출실적' 항
목에 있는 하나의 셀을 클릭한 다음 마우스 우클릭하여 [값 표시 형
식] [총합계 비율]을 선택한다.

5 매출 실적의 총합계에 따라 각 항목이 차지하는 비율이 표시되었음을 확인한다.

	A	B	C	D	E
1					
2	지역	(모두)			
3					
4	행 레이블	개수 : 이름	평균 : 매출수량	합계 : 매출실적	
5	⊟영업1팀	9	47,889	32.92%	
6	과장	1	90,000	7.03%	
7	대리	5	35,800	16.87%	
8	부장	1	87,000	7.66%	
9	사원	2	37,500	1.36%	
10	⊟영업2팀	11	33,200	42.43%	
11	과장	3	47,800	8.65%	
12	대리	1	32,200	7.87%	
13	부장	2	12,500	2.10%	확인
14	사원	3	32,200	16.05%	
15	차장	2	34,000	7.76%	
16	⊟해외영업	10	39,940	24.65%	
17	과장	3	36,800	4.08%	
18	대리	2	52,500	7.79%	
19	부장	2	67,500	0.04%	
20	사원	3	16,333	12.73%	
21	총합계	30	39,853	100.00%	
22					

4. 피벗 테이블에 새로운 계산 필드 추가하기

※예제파일: 피벗 테이블에 새로운 계산 필드 추가하기_예제. ※결과파일: 피벗 테이블에 새로운
계산 필드 추가하기_결과

행 레이블	개수 : 이름	평균 : 매출수량	합계 : 매출실적
영업1팀	9	47,889	32.92%
과장	1	90,000	7.03%
대리	5	35,800	16.87%
부장	1	87,000	7.66%
사원	2	37,500	1.36%
영업2팀	11	33,200	42.43%
과장	3	47,800	8.65%
대리	1	32,200	7.87%
부장	2	12,500	2.10%
사원	3	32,200	16.05%
차장	2	34,000	7.76%
해외영업	10	39,940	24.65%
과장	3	36,800	4.08%
대리	2	52,500	7.79%
부장	2	67,500	0.04%
사원	3	16,333	12.73%
총합계	30	39,853	100.00%

계산 필드

계산 순서	필드	수식
1	단가	=' 매출실적'/매출수량

계산 항목

계산 순서	항목	수식

참고: 한 셀이 여러 개의 수식으로 업데이트되면
계산 순서가 맨 마지막인 수식으로 값이 설정됩니다.

여러 계산된 항목 또는 필드의 계산 순서를 변경하려면
[옵션] 탭의 [계산] 그룹에서 [필드, 항목 및 집합]을 클릭한 다음 [계산 순서]를 클릭하십시오.

1 원본 데이터에 없는 필드를 피벗 테이블에서 추가하기 위해 [Sheet 1] 시트에서 피벗 테이블에 있는 하나의 셀을 클릭하고 [피벗 테이블 도구]의 [분석] 탭 – [계산] 그룹에서 [필드, 항목 및 집합]을 클릭한 다음 [계산 필드]를 선택한다.

2 [계산 필드 삽입] 대화상자가 열리면 '이름'에 새로 추가할 필드 이름 으로 「단가」를 입력하고 '수식' 입력 상자에 있는 데이터를 지운 후 '필드'에서 [매출실적]을 더블클릭한다. '=매출실적'이 표시되면 뒤에 「/」를 입력하고 다시 '필드'에서 [매출수량]을 더블클릭한다. '수식' 에 [=매출실적/매출수량]이 입력되면 [확인]을 클릭한다.

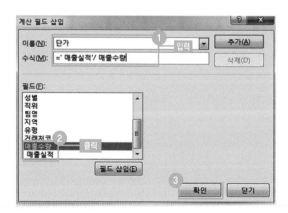

3 E열에 새롭게 추가된 계산 필드인 '합계: 단가' 필드가 나타나면서 '매출실적' 필드 값을 '매출수량' 필드 값으로 나눈 결과가 표시되었다. [피벗 테이블 도구]의 [분석] 탭 – [계산] 그룹에서 [필드, 항목 및 집합]을 클릭한 다음 [수식 보고서 작성]을 선택한다.

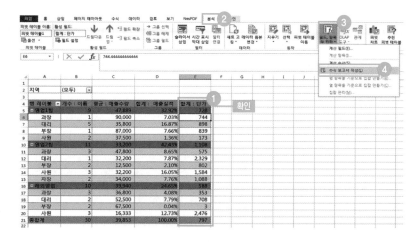

4 새로운 시트가 삽입되면서 피벗 테이블에 삽입된 계산 필드 목록이 표시되어 어떤 필드가 어떤 수식으로 사용되었는지 확인할 수 있다.

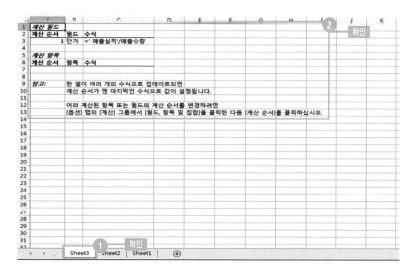

차트 작성하기

1. 차트 만들고 스타일 설정하기

※ 예제파일: 차트 만들고 스타일 설정하기_예제, ※ 결과파일: 차트 만들고 스타일 설정하기_결과

팀별 상반기 매출 실적 분석

팀명	담당자	직위	1사분기			2사분기		
			1월	2월	3월	4월	5월	6월
국내영업1팀	공지철	대리	50,000	63,000	23,000	35,000	45,000	28,000
국내영업2팀	방성훈	과장	5,000	34,000	24,000	5,000	34,000	12,000
국내영업3팀	이동건	과장	34,000	60,000	34,000	40,000	15,000	30,000
해외영업1팀	이승기	사원	6,000	24,000	50,000	34,000	30,000	42,000
해외영업2팀	양세형	과장	34,000	25,000	45,000	38,000	36,800	32,000
해외영업3팀	유재석	대리	40,000	28,000	34,900	43,000	24,500	34,000

1 A7:A13 범위를 선택하고 [Ctrl]을 누른 상태에서 D7:I13 범위를 선택한다.

	팀명	담당자	직위	1사분기			2사분기		
				1월	2월	3월	4월	5월	6월
8	국내영업1팀	공지철	대리	50,000	63,000	23,000	35,000	45,000	28,000
9	국내영업2팀	방성훈	과장	5,000	34,000	24,000	5,000	34,000	12,000
10	국내영업3팀	이동건	과장	34,000	60,000	34,000	40,000	24,000	30,000
11	해외영업1팀	이승기	사원	6,000	24,000	50,000	34,000	30,000	42,000
12	해외영업2팀	양세형	과장	34,000	25,000	45,000	38,000	36,800	32,000
13	해외영업3팀	유재석	대리	40,000	28,000	34,900	43,000	24,500	34,000

2 [삽입] 탭 – [차트] 그룹에서 [세로 또는 가로 막대형 차트 삽입]을 클릭하고 '2차원 세로 막대형'에서 [묶은 세로 막대형]을 클릭한다.

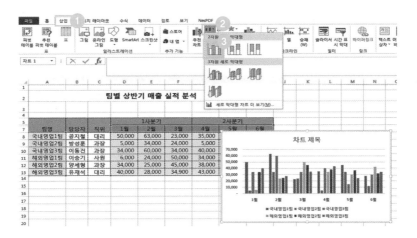

3 차트가 완성되면 삽입된 차트에 마우스 포인터를 올려놓고 드래그하여 원하는 위치로 차트를 이동한다.

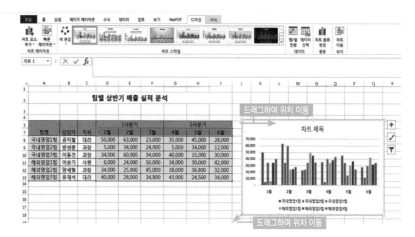

4 차트의 X축에는 월별 데이터가, Y축에는 팀별 데이터가 설정되어 있다. X축 데이터와 Y축 데이터를 서로 바꿔서 표시하기 위해 차트를 클릭한 상태에서 [차트 도구]의 [디자인] 탭 − [데이터] 그룹에서 [행/열 전환]을 클릭한다.

5 차트에 표시된 막대의 색상을 변경하기 위해 [차트 도구]의 [디자인] 탭 – [차트 스타일] 그룹에서 [색 변경]을 클릭하고 '단색형'에서 '색6' 을 선택한다.

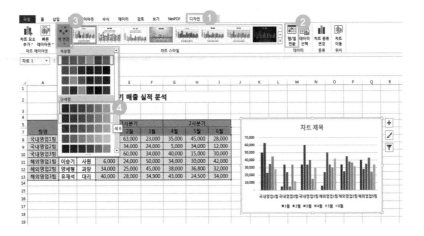

6 [디자인] 탭 – [차트 스타일] 그룹에서 '스타일 10'을 선택한다.

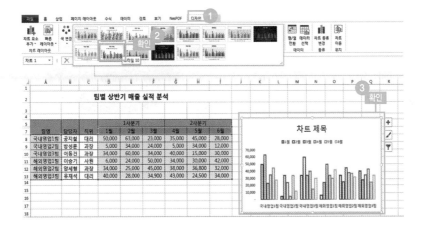

2. 원형 차트 조각에 백분율과 지시선 표시하기

※예제파일: 원형 차트 조각에 백분율과 지시선 표시하기_예제. ※결과파일: 원형 차트 조각에 백분율과 지시선 표시하기_결과

	A	B	C	D	E	F
1		2021년 영업1팀 사원 실적 비교				
2						
3						
4	사원명	갤럭시S	갤럭시노트	갤럭시탭	합계	
5	공지철	450	750	640	1,840	
6	방성훈	250	360	400	1,010	
7	이동욱	750	430	356	1,536	
8	이승기	540	256	312	1,108	
9	신성록	396	324	543	1,263	
10						

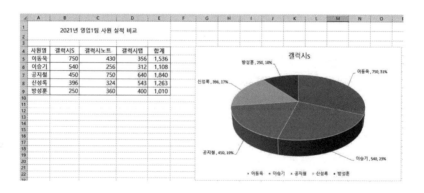

1 원형 차트로 정렬할 항목인 '갤럭시 S' 필드에 있는 하나의 셀을 클릭하고 [데이터] 탭 – [정렬 및 필터] 그룹에서 [숫자 내림차순 정렬]을 클릭한다.

2 원형 차트는 한 항목에 해당하는 범위만 표현할 수 있기 때문에 A4:B9 범위를 선택하고 [삽입] 탭 – [차트] 그룹에서 [원형 또는 도넛형 차트 삽입]을 클릭한 다음 [3차원 원형]을 선택한다.

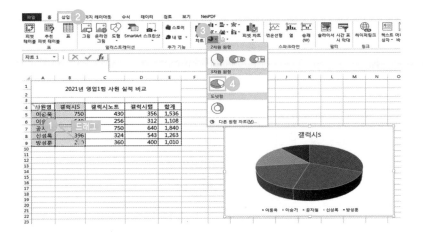

3 3차원 원형 차트가 삽입되면 차트의 위치와 크기를 적당하게 조절하고 [차트 요소] 단추를 클릭한 후 [데이터 레이블] - [기타 옵션]을 선택한다.

4 화면의 오른쪽에 [데이터 레이블 서식] 창이 열리면 [레이블 옵션]을 클릭하고 '레이블 내용'에서 [항목 이름], [값], [백분율], [지시선 표시]에 체크한다. '레이블 위치'에서 [바깥쪽 끝에]를 선택하고 [닫기] 단추를 클릭한다.

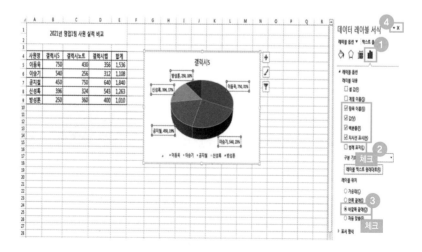

5 차트의 조각에 레이블이 표시되면 '이동욱' 레이블을 천천히 두 번 클릭하여 '이동욱' 레이블만 선택한다. 레이블의 테두리에 마우스 포인터를 올려놓은 후 차트의 바깥쪽으로 드래그하여 이동한다.

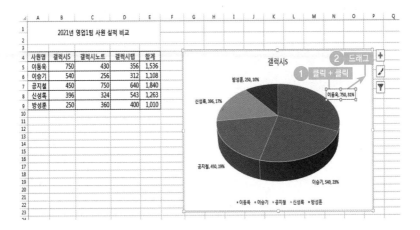

6 「4」과정에서 [지시선 표시]에 체크했기 때문에 레이블과 원형 조각 사이에 지시선이 나타났다. 이 상태에서 나머지 레이블도 하나씩 드래그하여 적당한 위치로 배치한다.

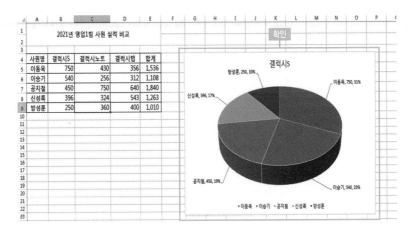

3. 막대형 차트와 꺾은선형 차트 함께 표시하기

※예제파일: 막대형 차트와 꺾은선형 차트 함께 표시하기_예제, ※결과파일: 막대형 차트와 꺾은선형 차트 함께 표시하기_결과

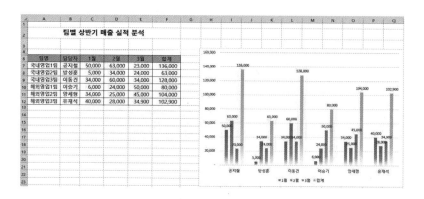

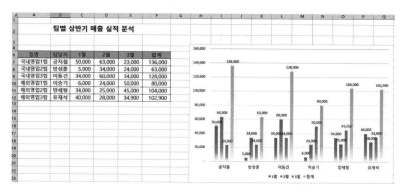

1 '합계'에 해당하는 막대의 차트 종류를 다르게 구분하여 표시하기 위해 '합계' 막대를 클릭하고 [차트 도구]의 [디자인] 탭 – [종류] 그룹에서 [차트 종류 변경]을 클릭한다.

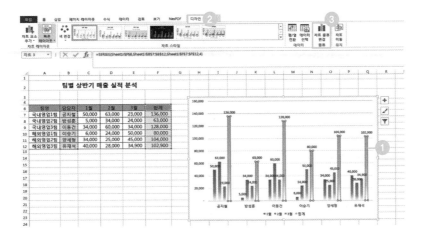

2 [차트 종류 변경] 대화상자의 [모든 차트] 탭이 열리면 [콤보]가 선택되어 있는지 확인하고 '데이터 계열에 대한 차트 종류와 축을 선택합니다.'에서 [합계]의 '차트 종류'를 '꺾은선형'의 [표식이 있는 꺾은선형]으로 변경한다.

3 '합계' 계열에 해당하는 막대만 표식이 있는 꺾은선형 차트로 변경되었으면 '합계' 값의 크기가 다른 계열보다 크게 차이가 나서 다른 계열의 막대가 작게 표시되었다. 차트의 오른쪽 눈금을 따로 표시하기 위해 '합계' 계열의 '보조 축'에 체크하고 [확인]을 클릭한다.

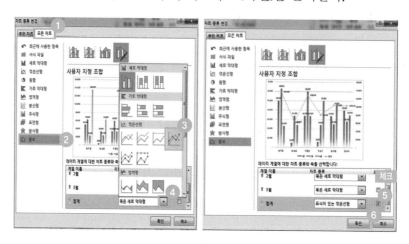

4 차트의 오른쪽에 있는 보조 축에 눈금이 추가되면서 막대형 차트는 왼쪽 눈금을, 꺾은선은 오른쪽 눈금을 사용하고 있다. 표식이 있는 꺾은선형 차트를 선택한 상태에서 [차트 필터] 단추를 클릭하고 [값] 탭의 '계열'에서 [3월]의 체크를 해제한 다음 [적용]을 클릭한다.

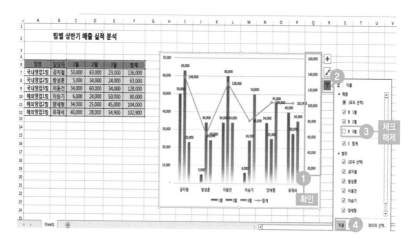

5 차트에서 '3월' 계열의 막대가 사라졌는지 확인한다.

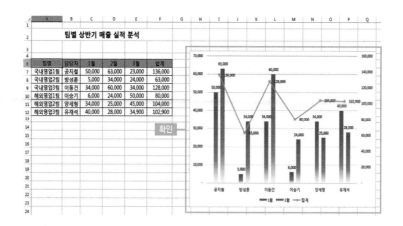

[엑셀 단축키]

※ F 단축키

단축키	내용	단축키	내용
F1	도움말	F7	맞춤법 검사
F2	현재 셀 편집	F8	영역 선택
F3	셀 이름 넣기	F9	모든 워크시트 계산
F4	마지막 작업 반복	F10	메뉴 단축키 표시
F5	이동	F11	차트 만들기
F6	다음 틀로 이동	F12	다른 이름으로 저장

※ Ctrl + 단축키

단축키	내용	단축키	내용
A	전체 선택	S	문서 저장
B	굵게	9	행 숨기기
C	복사하기	0	열 숨기기
D	윗셀 내용 아래셀에 채우기	F1	상단 메뉴 숨기기/나타내기
F	찾기/바꾸기	F2	인쇄 미리보기
G	이동	F4	창 닫기
H	바꾸기	F10	창 복원
P	인쇄하기	F11	새 매그로 시트 생성
L	하이퍼링크 삽입	F12	다른 이름으로 저장
K	표 만들기	Space bar	열 전체 선택(세로)
N	통합문서 새로 만들기	tab	다음 창 선택
O	통합문서 열기	↑	위쪽 끝 데이터로 이동
V	붙여넣기	↓	아래쪽 끝 데이터로 이동
Z	실행 취소	→	오른쪽 끝 데이터로 이동
Y	마지막 명령 반복	←	왼쪽 끝 데이터로 이동
HOME	A1셀로 한번에 이동	END	데이터가 입력된 마지막셀로 이동

※ Shift + 단축키

단축키	내용	단축키	내용
F2	셀에 메모 삽입	F9	현재 워크시트 계산
F3	함수 마법사	F10	마우스 오른쪽 버튼(바로가기)
F5	찾기/바꾸기	F11	새 워크시트 삽입

06

보고서 작성 및 관리 방법

비즈니스 문서작성법

비즈니스 문서작성법

Ⅰ

보고서 작성 및 관리 방법

보고서 작성 및 관리업무는 보고서의 사용 목적에 따라 필요한 자료를 수집하고 적절한 형식과 내용을 갖추어 보고서를 작성한 후 관리하는 방법이다.

1. 보고서 기획하기

- 작성할 보고서의 특성을 확인하여 종류별로 보고서 작성에 필요한 구성요소를 파악한다. 보고서의 특성은 보고서의 종류, 작성목적, 형식, 작성기한 등을 포함한다.
- 보고서의 내용을 작성하기 위하여 필요한 자료를 수집한다.
- 보고서의 내용에 따라 초안을 구상한다.

2. 보고서 작성하기

- 수집된 자료를 활용하여 보고서의 특성에 맞게 보고서의 초안을 작성한다.
- 작성된 초안을 상사의 지시, 제3자의 의견 및 검토, 보고서 작성방

법, 맞춤법, 자체 검토 등을 통해 필요에 따라 수정한다.

- 완성된 보고서를 상사에게 보고하고 컨펌 및 결재를 받는다.
- 컨펌 및 결재받은 보고서를 특성에 따라 유관기관에 전달한다.

3. 보고서 관리하기

- 조직 및 상사가 사용하는 보고서 관리원칙(보고서 관리규정, 보고서 보관 여부 및 보관방법 등)을 파악한다.
- 접수된 보고서를 보고서 관리원칙에 따라 경영진 또는 담당자에게 정확히 전달하고 전달일시 등을 기록한다.
- 보고서의 종류에 따라 보고서 관리방법을 결정하고 분류 및 정리한다.
- 보고서 보존기간 규정에 따라 보고서를 보관하고 폐기한다.

4. 전자보고서 관리하기

- 조직에서 사용하는 전자보고서 관리원칙을 파악한다. 전자보고서에는 전자메일, 사진, 영상물 파일, 프레젠테이션 파일, 웹사이트상의 보고서, 페이퍼 보고서의 전자화된 파일문서 등 전자적인 형태로 된 모든 기록물을 포함한다.
- 전자보고서 관리원칙(관리방법, 관리규정, 보관원칙, 보관규정 등)에 따라 전자보고서를 분류하며 정리하고 보관한다.
- 워드프로세서 SW(ex. 한글, MS-word 등)를 이용한 보고서 작성방법은 스프레드 시트(ex. MS-Excel 등)를 이용한 보고서 작성방법, 전자출판 SW(ex. MS-Publisher 등)를 이용한 보고서 작성방법, 프레젠테

이션 SW(ex. MS-Powerpoint)를 이용한 보고서 작성방법, 웹사이트 상의 보고서 작성방법, 전자메일을 이용한 보고서 작성방법, 편지병 합기능을 이용한 봉투 및 레이블 작성방법을 포함한다.

- 필요에 따라 전자보고서를 재사용하는 경우 보관된 전자보고서를 갱신하고 수정한다.
- 보고서 정리 및 보관하는 것은 저장매체(ex. 하드디스크, USB, 외장하드, CD 등)에 보관 및 백업을 포함한다.
- 회사규정에 따라 보존기간이 지난 전자보고서를 폐기하고 보안 및 관리한다.

〈 표 16 〉 보고서 관리대장

NO.	수/발신	전달일시	문서제목	전달인	비고
1	IN	21-09-02	9월 월간보고자료	기획팀 김철수 과장	전달완료
2	OUT	21-09-10	한국그룹 M&A 보고자료	이영준 사장	전달완료

5. 보고서 보관 및 폐기

보고서 보관 및 관리는 중요한 직무 중 하나이므로 효율적으로 보관 및 폐기할 수 있어야 한다. 특히 회의실이나 상사의 사무실 내 메모라도 일정기간 폐기하지 않고 보관해야 하며, 회사 내부문서는 중요도에 따라 보관기한이 다르기 때문에 이를 확인하여 회사 규정에 맞게 보관한다. 또한, 보안관리에 철저해야 하기 때문에 책상 위에 중요한 보고서를 남긴 채 자리를 비우지 않도록 한다.

비즈니스 문서작성법

II

보고서 작성방법

1. 미팅인사 인물자료

가. 미팅인사 인물정보

미팅인사 인물정보 작성 시 필수로 기입해야 하는 사항은 아래와 같다.

- 사진
- 나이(출생연도)
- 학력
- 가족관계
- 경력(최근순으로 기입)

나. 미팅 말씀자료

미팅 말씀자료는 인물정보 하단에 기입하며 최근 일신상의 변동사항, 주요 안건, 미팅 인사들의 장/단점, 최근 현안, 우리측 요구사항 등을 기입한다.

《표 17》인물정보 자료

- **참석자**
  - 회장님
  - 김철수 사장
  - 이영준 부회장
  - 박유식 사장

- **이영준 부회장**
  - 37세(81년생), 서울
  - 서울대 법학과(00~04), 동 대학원 수료, 서울고 졸
  - 가족관계 : 미혼
  - 현. 유명그룹 부회장(16~현재)
  - 유명그룹 사장(15~16)
  - 유명그룹 경영지원 본부장(14~15)
  - 유명그룹 경영지원 상무(13~14)
  - 보스턴컨설팅그룹 사원(12~13)

- **박유식 사장**
  - 37세(81년생), 서울
  - 서울대 법학과(00~04), 동 대학원 수료, 서울고 졸
  - 가족관계 : 미혼
  - ※ 이영준 부회장 초등학교 친구
  - 현. 유명그룹 사장(16~현재)
  - 유명그룹 전무(15~16)
  - 유명그룹 경영지원 상무(14~15)
  - 유명그룹 경영지원 팀장(13~14)

- **말씀자료**

2. 다이닝 미팅 보고자료

가. 장소 보고자료

다이닝 미팅 시 상대방에서 선호하지 않는 음식이나 Allergy, 자주 가는 식당 등을 확인 후 레스토랑 선정을 위한 보고서를 작성한다. 한식, 중식, 일식, 프렌치, 이탤리언 등 모두 2가지 정도의 장소 중 신규오픈 위주의 핫 플레이스, 평이 좋은 레스토랑 위주로 선정하여 보고서를 작성한다. 보고서에는 식당명, 식당 내외부 사진, 룸 가능여부와 수용인원, Room charge 여부, Room에서 식사 시 코스주문만 가능한지 여부, 메뉴, Corkage charge, 선결제 및 유선결제 가능여부, 전용엘리베이터 이용 가능여부, 약속일에 실제 예약 가능여부 등을 확인 후 보고한다. 다이닝 미팅 종료 후 결제는 원만히 이루어졌는지, 휴대폰 혹은 귀중품은 두고 가신 게 없는지 확인하고 식당에 감사인사를 전한다. 매월 신규 레스토랑을 업데이트한다.

〈 표 18 〉 추천 레스토랑 보고서

10/16(목) 18:30분 2분 룸 가능 레스토랑

※ Antibes(앙티브)

주소 : 서울시 서초구 방배동 1-3, 2층(방배중학교에서 함지박 삼거리 가는 길목 오른편 위치)
전화 : 02 593 3325

특징
- 2013년 서래마을에 오픈한 해산물 전문 프렌치 레스토랑
- 미국 존슨앤웨일스를 졸업 후 프렌치 레스토랑 레스쁘아(L'Espoir)에서 경력을 쌓은 조성범 오너 셰프가 운영한다.
- 독특한 조명과 감각적인 실내인테리어로 꾸며진 테이블과 오픈키친 카운터 좌석으로 구성되어 있다.
- 매일 공수한 신선한 생선과 해산물을 이용한 코스메뉴와 단품메뉴를 제공한다.

* 룸 예약 가능(단품 주문 가능, 디너코스 : 7만 5천 원)

나. 장소(레스토랑) 결정 후 준비 진행사항 보고

레스토랑이 결정되면 레스토랑 측에 이용당일 메뉴안을 2~3안 정도 요청하여 상사가 결정하도록 준비하고, 음료/주류, 선물, 말씀자료, 인물정보를 준비하여 보고한다.

《 표 19 》 다이닝 미팅 메뉴안 보고서

■ **화이트(부르고뉴)**

1. 도멘 슈발리에 몽라쉐 장 샤르트롱 2011(Chevalier-Montrachet-Jean Chartron)

- 등급 : 슈발리에 봉라쉐 Grand Cru AOC
- 가격 : 약 572,000원
- 생산지 : 프랑스, 부르고뉴
- 품종 : 샤도네이
- 프랑스 부르고뉴의 중심에서 남쪽으로 내려가면 부르고뉴의 6개 그랑크뤼 화이트와인 중 2가지를 생산하는 뿔리니 몽라쉐 마을이 있습니다. 레드품종으로는 피노누아만을 생산하고 화이트품종은 오직 샤도네이만을 생산하며 강렬한 밝은 황금빛을 띠고 꽃향기  가 지배적인 신선한 느낌의 와인 입니다. 원래 화이트와인만 생산하며 최고의 화이트와인 중 하나로 일컬어집니다.
- * 드실 땐 2시간 전 미리 오픈해 놓고, 온도도 약간 높은 상태에서 드시는 게 좋다고 합니다.

대한민국 레스토랑 스페셜 메뉴안(20만 원/1인)
- 이베리코하몽 멜론
- 대게살샐러드 with 이탈리언 드레싱
- 블랙트러플을 슬라이스해서 올린 프레시 가리비 with 화이트와인 크림소스
- 송아지안심 스카모르짜치즈구이
- 전복 오일소스 스파게티
- 메인선택(아래 3가지 또는 메뉴에 있는 모든 메뉴 현장에서 선택 가능)
 1) 한우안심 양갈비 도미
 2) 이베리코목등심 매콤한 닭그릴
 3) 소꼬리찜 중에서 선택
- 초코, 애플, 과일, 셔벗
- 커피, 티

3. 출장 보고자료

가. 출장 전 보고자료

출장 전 보고서에는 일정에 따른 항공, 호텔, 렌터카, 드라이버, 관광지, 식당, 미팅인사 선물리스트, 공연정보 등을 기입해야 한다.

- 항공 보고서 기입사항은 일자, 출/도착시간(비행시간), 출/도착 장소(대기시간), 편명/기종/좌석, 업그레이드 가능여부, Top Class 기종, 호텔-공항 거리 및 소요시간 등이다.
- 호텔 보고서 기입사항은 호텔명(한글/영문), 등급, 내/외부 사진, 주소, 전화번호, 팩스번호, 위치설명, 특징, 객실 수, 부대시설, 객실시설, 체크인/아웃 시간, 룸 타입/금액(조식 포함 여부) 등이다.
- 렌터카 보고서 기입사항은 차량명, 내/외부 사진, 수용인원, 렌트 비용, 수하물 수용개수(ex. 2 중형 수트케이스, 2 기내 수트케이스), 내비게이션 장착여부 및 한글 내비게이션 추가비용 등이다.
- 관광지 보고서 기입사항은 관광지명(한글/영문), 내/외부 사진, 주소, 전

화번호, 입장시간 및 종료시간, 입장료, 설명 등이다.

- 레스토랑 보고서 기입사항은 식당명(한글/영문), 내/외부 사진, 주소, 전화번호, 웹사이트, 운영시간, Last order 시간, 특징, 드레스코드 등이다.
- 골프장 예약 시에는 예약일자별 Tee-Off시간, 라운딩비, 캐디피, 카트피, 클럽하우스 메뉴, 골프장 송영차량 등을 확인한다.
- 선물(안) 보고서 기입사항은 접견진행 방안 및 접견인사 리스트, 접견인사별 선물준비(안), 선물검토 결과 기입 후 선물, 상세내용으로는 제목(한/영), 사진(포장/실물), 금액, 사이즈, 재질, 설명서(한/영) 등이다.
- 공연정보 보고서에는 공연명, 공연일자, 공연시간, 상영시간, 극장정보(극장명, 주소), 좌석, 금액, 좌석배치도, 공연설명 등이다.

나. 출장집

출장일 전일 상사에게 전달하는 출장집에는 기본정보(시차, 환율, 해당국가 기본정보), 출장기간 날씨, 최종 예약된 항공, 호텔과 차량정보, 비상연락망, 최종일정표, 미팅인사 인물정보, 말씀자료, 최종 결정된 선물리스트, 바우처(이티켓, 호텔, 식당, 골프장, 공연티켓 등 예약자료), 관광자료, 식당자료, Tipping방법 등을 포함한다.

다. 부재중 보고서

출장 귀국 당일 일정표, 업무 관련 일정 및 결정사항, 외부 일정 및 참조사항, 부재중 전화 등을 기입한다.

4. 연하장 및 명절 선물 발송 리스트 보고자료

연하장 및 명절 선물 발송 리스트 보고자료는 사전 보고자료와 사후 관리자료로 분류하며, 사전 보고자료는 준비 리스트(전년도 수신/발송 명단 포함), 사후 관리 자료는 해당연도 수발신 리스트로 구분할 수 있다.

- 순비 리스트 작성 시 전년노 리스트와 대비하여 멍단을 구성한다. 고객명단으로는 해당연도 미팅자, 상사가 속해 있는 모임멤버, 사외이사, 지인(재계), 지인(정계), 지인(학계), 지인(언론), 해당연도 국내/외 명단 추가 리스트, 전년도 수취인 등을 포함하고, 기존고객 이외의 잠재적인 고객 리스트를 작성 후 보고하여 향후 비즈니스 관계에 긍정적인 영향을 줄 수 있도록 한다.
- 연하장 수신 리스트에는 소속, 성함, 직함, 회사명, 주소, 우편번호, 전화번호 등으로 기입한다.
- 명절 선물 수신 리스트에는 소속, 성함, 직함, 회사명, 내용, 발신어부, 주소, 우편번호, 전화번호, 결과 등을 포함하여 기입한다.
- 연하장 및 명절 선물 발신 리스트에는 소속, 성함, 직함, 회사명, 주소, 우편번호, 전화번호, 확인여부, 비고 등을 포함하여 기입한다.

《 표 20 》연하장 수신 리스트

NO.	소속	성함	직함	회사명	주소(회사/자택)	우편번호	전화번호
1	지인	박서준	부회장	유명그룹	서울 강남구 청담동 12-14 유명빌딩 20층	123-234	02-123-1234
2	지인	공지철	회장	한국그룹	서울 용산구 이태원동 112-13 한국빌딩 30층	132-132	02-132-1324

〈 표 21 〉 명절 선물 수신 리스트

NO.	소속	성함	직함	회사명	내용	발신 여부	주소 (회사/자택)	우편 번호	전화 번호	결과
1	지인	박서준	부회장	유명 그룹	와인	0	서울 강남구 청담동 12-14 20층	123-234	02-123-1234	
2										

〈 표 22 〉 명절 선물 발신 리스트

NO.	소속	성함	직함	회사명	주소 (회사/자택)	우편 번호	전화 번호	확인 여부	비고
1	지인	박서준	부회장	유명 그룹	서울 강남구 청담동 12-14 20층	123-234	02-123-1234	0	
2									

5. 선물 보고자료

미팅, 다이닝 미팅, 자택만찬, 운동, 회사 방문 등의 경우에 선물을 준비하는데 이때 상대측의 취향을 고려하여 정리한 선물 리스트를 상사에게 보고하여 준비한다. 선물 보고자료에는 사진, 선물명, 작품일 경우 작가명, 상세 내용, 선정사유, 금액, 구매 가능수량 등을 기입한다.

레드	화이트
온다 도로 2009(Onda d' Oro)	**팔메이어 샤도네이 2013(Pahlmeyer)**
• 가격 : 약 330,000원 • 생산지 : 미국, 나파밸리 • 품종 : 까베르네 소비뇽 • 니닐리아너로 '황금의 물결'을 뜻한다. 코코아 바닐라 향과 과일의 풍미가 느껴지는 와인. G20 정상회담 만찬 시 사용되었다.	• 가격 : 약 230,000원 • 생산지 : 미국, 나파밸리 • 품종 : 샤도네이 • 전통적 재배법과 기술로 나파밸리 초특급 와이너리의 와인. 풍부한 향과 깊은 풍미로 유명하며 이건희 회장 칠순연에 사용되어 국내에서 알려졌다.

보고서 작성 실습

1. 상사가 A그룹 임원들과의 다이닝 미팅 장소 보고를 요청한다. 다이닝
미팅 시 추천 레스토랑 보고서를 작성하시오.

2. 출장 전 보고서와 출장집을 작성하시오.

※ 출장일정

• 6/13일 15:00~17:00 UN 콘퍼런스 참석@UN Conference Room #D, United Nations Headquarters

• 6/14일 18:00~21:00 콘퍼런스 초청자 만찬 참석@4F, Delegates Dining Room, One United Nations Plaza

• 6/15일 12:00 UN 관계자 오찬
18:00 BCG 관계자 만찬

• 6/16일 자유시간(일정+자료조사)

• 6/17일 뉴욕 출발

3. 선물 보고서를 작성하시오.

비즈니스 문서작성하기

비
즈
니
스
문
서
작
성
법

227 비즈니스 문서작성하기 • 227

비즈니스 문서작성법

비즈니스 문서작성방법

I

비즈니스 문서작성 시에는 'who(누가), when(언제), where(어디서), what(무엇을), how(어떻게), why(왜)'라는 육하원칙하에 작성해야 한다. 각 항목에 대해 자세히 살펴보면 〈표 23〉과 같다.

비즈니스 문서작성원칙	내용
who	보고받는 주체를 파악
when	deadline(마감기한) 파악
where	관련 자료 search
what	문서가 전달하려는 주요 내용
how	이해하기 쉬운 보편성 있는 단어 및 문자 사용 판독의 용이성, 객관적 수치를 활용, 적정한 문장 길이 및 맞춤법 확인, 책임 범위 명시, 결제 시스템 파악
why	문서를 만드는 이유 파악(분석, 보고, 요청, 설득, 감사, 설명)

참고 ▶ 결재의 종류

눈금자에서 마우스 우클릭을 하면 탭의 종류와 위치를 바로 설정할 수 있다.

- 전결: 사무의 내용에 따라 결재권을 위임받은 자가 행하는 결재
- 대결: 결재권자의 부재로 결재를 할 수 없는 상황에서 그 직무를 대리하는 자가 행하는 결재
- 사후 보고: 대결 후 내용이 중요한 문서에 대하여 결재권자에게 보고하는 것으로 내용의 수정은 불가능함

1. 비즈니스 문서의 기본 구성요소

가. 문서번호

　문서의 상단에 위치한 문서번호는 문서의 증빙과 보관상 편의를 위해 업무부서 단위로 정한 규칙에 따라 기입한다. 따라서, 보관된 문서를 쉽게 찾을 수 있고 문서번호체계에 따라 어느 부서에서 어떤 목적으로 문서를 만들었는지 파악할 수 있다.

〈 표 24 〉 문서번호가 작성된 제안요청서 예시

> 문서번호: 문서 제123호
> 수　　신: 대한전자㈜ 귀중
> 참　　조: 경영지원본부장 귀하
>
> **제 목: 2022년도 대한전자그룹 이러닝 운영위탁**
>
> 사업명 : 2022년도 대한전자그룹 이러닝 운영위탁
> 사업목적 : 임직원 역량강화 및 상시학습 지원
> 사업기간 : 계약체결일~2025년 12월 31일까지
> 교육대상 : 대한전자 전 임직원 약 5,700명
> 사업예산 : 약 900,000천 원
> 　※ 상기비용은 실제 수강현황에 따라 변동될 수 있음
> 교육형태: 사이버, 모바일, 독서통신, 전화(화상)
> 제안내용 : 일반부문(사업이해도, 조직인원구성, 경영상태, 운영실적)

나. 문서작성 일자

　문서작성 일자는 문서를 작성한 날이 아닌, 작성된 문서를 발신하는 날을 기재한다. 이메일의 경우 메일 발송일자가 문서작성 일자가 되는 것이다.

〈 표 25 〉 문서작성 일자 예시

보안등급	1등급	상무	전무	부사장	사장
수신	각 부서장	발신	인사팀장		
참조	경영지원본부장	기안자	부장 김철수		
문서번호	가 01-001	발신일자	2021년 3월 2일(보존기간: 1년)		

제목: 2020년도 인사평가 실시

2020년도 인사평가 및 연봉계약 실시 일정 및 상세내용을 안내드립니다.

다. 수신인

내부문서의 경우 수신 부서만을 입력하지만 외부로 보내는 문서일 경우 수신인 작성 시 문서를 수신하는 회사명을 첫 행에, 직위명과 성명은 다음 행에 기입해야 한다.

수신인 작성의 경우	경칭	예시
직위가 있는 경우	귀하	대한그룹 경영지원본부 인사팀장 김철수 귀하
회사, 단체, 관공서	귀중	대한그룹 귀중
직위가 없거나 모르는 경우	님	서울시 용산구 이태원동 123 김철수님
동일 문서를 여러 곳에 송부할 경우	각위	협력업체 각위(이름을 작성하지 않으며 '님', '귀하'를 붙이지 않음)

〈 표 26 〉 수신인 예시

보안등급	1등급	상무	전무	부사장	사장
수신	각 부서장	발신	인사팀장		
참조	경영지원본부장	기안자	부장 긴천수		
문서번호	가 01-001	발신일자	2021년 3월 2일(보존기간: 1년)		

제목: 2020년도 인사평가 실시

2020년도 인사평가 및 연봉계약 실시 일정 및 상세내용을 안내드립니다.

라. 발신인

발신인의 경우 회사, 부서, 직위, 이름을 모두 기입하며, 경우에 따라서 대표자의 성명을 먼저 기입하는 경우도 있다.

예 1. 대한그룹 대표이사 공지철 (인)
예 2. 대한그룹 대표이사 공지철 (인)
    경영지원본부 인사팀장 김철수 (인)

《 표 27 》 발신인 예시

보안등급	1등급	상무	전무	부사장	사장
수신	각 부서장	발신	인사팀장		
참조	경영지원본부장	기안자	부장 김철수		
문서번호	가 01-001	발신일자	2021년 3월 2일(보존기간: 1년)		

제목: 2020년도 인사평가 실시

2020년도 인사평가 및 연봉계약 실시 일정 및 상세내용을 안내드립니다.

《 표 28 》 대표자 성명을 기입한 발신인 예시

귀사의 앞날에 행운이 함께하시길 기원합니다.

별첨1: 사업계획서 1부

2021년 2월 3일

대한그룹
대표 공지철 올림

(Tel: 02-123-1234 Fax: 02-123-1235 Email: abc@abc.com)

마. 문서 제목

문서의 제목을 작성할 경우 제목만 보고도 문서의 내용을 알 수 있도록 간결하고 정확하게 작성한다.

〈 표 29 〉 문서 제목 예시

문서번호: 문서 제123호
수 산: 대한그룹 김철수 상무 귀중
참 조: 영업팀장 박영희 귀하
제 목: 신규거래 요청의 건

신록의 계절을 맞아 귀사의 무궁한 발전을 기원합니다.

귀사의 거래 회사인 민국그룹으로부터 귀사가 추진중인 반도체부문의 협력업체를 물색하고 있다는 이야기를 듣게 되었습니다.

당사는 반도체 부문 전문업체로서 지난 30년 동안 한 길로 매진하며 나름대로 노하우를 축적해 왔다고 자부합니다.

그동안 당사가 추진해 왔던 사업실적서를 동봉하오니 검토하시고 만약 허락하신다면 거래 조건을 알려주시기 바랍니다.

귀사의 협력업체로 선정되길 바라며, 귀사의 앞날에 영광과 행운이 함께하시길 기원합니다.

바. 첫머리

사외문서와 사내문서 발송 시 사용하는 첫머리는 다르게 작성한다.

• 사외문서 : 귀사의 번영을 기원합니다.
• 사내문서 : 귀팀의 업무협조에 감사드립니다.

사. 본문

본문은 해당 문서의 주요 내용을 기입하는 부분이므로 되도록 간단명료하고 정확하게 작성한다. 따라서 각 항목별로 번호체계를 사용하여 간결한 문장으로 구성하거나 단락을 나누어 작성하는 방법을 사용하는 것이 좋다.

〈 표 30 〉항목별 번호체계를 이용한 본문 예시

2021년도 종합인사평가를 다음과 같이 실시하오니 협조하여 주시기 바랍니다.

1. 업적평가자료 입력 및 자기평가 : 2022. 1. 2(월)〜1. 6(금)

2. 업적평가 및 역량평가 : 2022. 1. 10(월)〜1. 15(금)

3. 평가자료 입력방법
　가. 아래 웹페이지를 클릭하여 "2021년도 업적평가 자료입력" 화면으로 이동함
　나. 사원번호와 비밀번호를 입력함
　다. 업적평가 자료 입력
　라. 입력완료 버튼을 누르기 전까지는 자료의 추가입력, 수정, 삭제가 가능함

4. 평가자료를 입력하지 않을 경우 불이익이 있으므로 정해진 기간 안에 반드시 자료를 입력하시기 바랍니다.

붙 임　　1. 2021년도 종합인사평가 안내 1부
　　　　　2. 부서이동 희망 신청서 1부. 끝

《표 31》단락을 나누어 작성한 본문 예시

신록의 계절을 맞아 귀사의 무궁한 발전을 기원합니다.

귀사의 거래 회사인 민국그룹으로부터 귀사가 추진 중인 반도체부문의 협력업체를 물색하고 있다는 이야기를 듣게 되었습니다.

당사는 반도체 부문 전문업체로서 지난 30년 동안 한 길로 매진하며 나름대로 노하우를 축적해 왔다고 자부합니다.

그동안 당사가 추진해 왔던 사업실적서를 동봉하오니 검토하시고 만약 허락하신다면 거래조건을 알려주시기 바랍니다.

귀사의 협력업체로 선정되길 바라며, 귀사의 앞날에 영광과 행운이 함께하시길 기원합니다.

별 첨 사업실적서 1부. 끝

아. 맺음말

문서의 마지막에는 행을 변경하여 「~해주시면 감사하겠습니다. '끝'」과 같이 마무리하는 것이 좋다.

자. 다음 및 별첨

본문 이외의 추가적인 내용이 있을 경우 마지막에 '다음'으로 별도로 입력하는 것이 좋으며, 첨부문서가 있을 경우 ※첨부(문서 이름) 또는 ※별첨(문서 이름)으로 작성한다. 기타 사항이 있는 경우 '추신'을 기입하고 추가사항을 작성하며, 팩스로 문서를 보내는 경우 '현재 페이지/전체 페이지 수'를 기입하여 수신자가 문서를 확인하는 데 어려움이 없도록 한다.

〈 표 32 〉붙임을 사용한 예시

2021년도 종합인사평가를 다음과 같이 실시하오니 협조하여 주시기 바랍니다.

1. 업적평가자료 입력 및 자기평가 : 2022. 1. 2(월)～1. 6(금)

2. 업적평가 및 역량평가 : 2022. 1. 10(월)～1. 15(금)

3. 평가자료 입력방법
   가. 아래 웹페이지를 클릭하여 "2021년도 업적평가 자료입력" 화면으로 이동함
   나. 사원번호와 비밀번호를 입력함
   다. 업적평가 자료 입력
   라. 입력완료 버튼을 누르기 전까지는 자료의 추가입력, 수정, 삭제가 가능함

4. 평가자료를 입력하지 않을 경우 불이익이 있으므로 정해진 기간 안에 반드시 자료를 입력하시기 바랍니다.

붙 임   1. 2021년도 종합인사평가 안내 1부
         2. 부서이동 희망 신청서 1부. 끝

〈 표 33 〉별첨을 사용한 예시

신록의 계절을 맞아 귀사의 무궁한 발전을 기원합니다.

귀사의 거래 회사인 민국그룹으로부터 귀사가 추진 중인 반도체부문의 협력업체를 물색하고 있다는 이야기를 듣게 되었습니다.

당사는 반도체 부문 전문업체로서 지난 30년 동안 한 길로 매진하며 나름대로 노하우를 축적해 왔다고 자부합니다.

그동안 당사가 추진해 왔던 사업실적서를 동봉하오니 검토하시고 만약 허락하신다면 거래조건을 알려주시기 바랍니다.

귀사의 협력업체로 선정되길 바라며, 귀사의 앞날에 영광과 행운이 함께하시길 기원합니다.

별 첨 사업실적서 1부. 끝

2. 비즈니스 문서작성방법

가. 안내문

안내문은 직원들에게 알리고 싶은 사항이나 연락사항을 게시나 회람 등을 통해 안내하는 문서이므로 직접적인 업무상의 일보다는 회사의 행사, 복리후생에 관한 내용이 대부분이다. 제목에는 '알림' 혹은 '안내' 등을 표기하여 일방적인 통지가 아님을 분명히 하고 안내 배경이나 취지를 설명한 다음 용건을 설명한다. 또한, 내용은 각 조목별로 기재하여 가독성과 이해가 쉽도록 작성한다.

〈 표 34 〉 안내문 예시

주주총회안내문

주주각위

제14기 정기주주총회 소집통지

주주 어러분의 번영과 인녕을 기원입니다.
당사 제14기 정기주주총회를 다음과 같이 개최하오니 주주 여러분께서는 참석하여 주시기 바랍니다. 사정상 참석을 못하시는 주주님께서는 별첨 위임장에 기명날인하여 회신하여 주시기 바랍니다.

◈ 다 음 ◈

일 시 : 2021년 3월 2일(수) 오전 11시
장 소 : 본사 회의실(서울시 강남구 압구정동 123-23 대한그룹 32층 대회의실)

별첨 : 1. 위임장. 1부
        2. 정기주주총회 소집통지서 1부. 끝

2021년 2월 15일

주식회사 대한그룹
회장 김대한

나. 통지서

　통지서는 회사의 주요 업무 전달사항을 관계자들에게 알리기 위해 작성하는 문서로 주로 명령 지시사항인 경우가 많다. 통지문은 문서번호와 날짜를 정확하게 기재해야 하며 업무상의 통지이므로 전달하려는 내용을 정확하게 작성해야 한다.

《 표 35 》 통지서 예시

출석통지서

인적사항	①성명	한글		②소속	
		한자		③직위(급)	
	④주소				
⑤출석이유					
⑥출석일시		년　월　일　시　분			
⑦출석장소					
유의사항	1. 진술을 위한 출석을 원하지 아니하는 때에는 아래의 진술권 포기서를 즉시 제출할 것 2. 사정에 의하여 서면진술을 하고자 하는 때에는 징계위원회 개최일의 전일까지 도착하도록 진술서를 제출할 것 3. 정당한 사유서를 제출하지 아니하고 지정된 일시에 출석하지 아니하며, 서면진술서도 제출하지 아니하는 경우에는 진술할 의사가 없는 것으로 인정 처리함				
취업규칙 인사위원회 규정에 의하여 위와 같이 귀하의 출석을 통지합니다.					

년　　월　　일

인사위원회 위원장　　　　㊞

귀하

다. 품의서

품의는 稟(여쭐 품), 議(의논할 의)라는 뜻의 한자로 기업에서 근로자가 결재권자에게 특정한 사안에 대해 승인해 줄 것을 요청하는 일종의 상신서(상부에 보고할 내용을 작성한 문서)를 의미한다. 경영관리상 안건에 관한 문서를 기안자가 작성하여 관계부서의 의견을 확인한 다음 상사에게 제출하여 결재를 받는다. 이를 위해 품의서 양식을 사용하며, 미리 규정되어 있는 일정의 절차를 밟은 후 실행하게 된다. 품의서는 비용에 대한 결재가 필요한 경우가 많으므로 품의서에는 견적서, 예산안, 영수증과 같은 비용에 대한 증빙서류가 함께 첨부된다. 따라서, 품의서는 요청하고자 하는 사안을 실행하기 전에 결재권자에게 승인을 받기 위해서 작성하여 보고하고 결재를 받도록 해야 한다. 따라서 발생하는 비용에 대한 견적서나 예산안 등을 함께 첨부하여 승인을 받아야 한다. 품의서를 작성할 때 이미 선결제한 부분이 있으면 영수증과 같은 증빙서류를 참께 첨부하여 결재를 받는다.

품의서는 회사의 비품을 구입힐 깃을 요칭하는 구입품의서, 입무상의 지출에 대한 비용을 요청하는 지출품의서, 제품 등의 개발연구에 대한 개발품의서, 인사발령, 승진 등 인사권에 대한 요청의 인사품의서 등 다양한 상황에 따라서 품의서를 작성한다. 품의서는 회사에서 정해진 양식을 사용해야 하며 기안번호, 기안일자, 기안책임자, 안건명, 기안취지, 실시방법, 비용, 실시기일, 첨부자료, 결재자인의 요소가 빠지지 않고 기입되어야 한다.

《 표 36 》 품의서 예시

보안등급	3등급		대리	과장	차장	부장
수 신 참 조	경영지원본부장	발 신 기 안 자	기획팀 박영희 팀장 기획팀 김철수 대리			
문서번호	품의 제123호	발신일자	2021년 3월 2일 (보존기간: 3년)			

제목: 노트북 신규 구입 품의

신규인력 채용에 따라 아래와 같이 노트북 신규 구입을 신청하오니 허락하여 주시기 바랍니다.

－ 아　　래 －

구입품명 및 수량: 노트북 컴퓨터 8대
구입처: 별지 견적서 참조
구입금액: 별지 견적서 참조
처리과목: 비품
구입이유: 업무용 비품
기 타: 최근 신규인력의 채용에 따라 별지와 같은 노트북을 구입할 예정임

※ 별첨: 구입예정 기종 사양 및 견적서

끝

라. 반박서/해명서

비즈니스에 있어서 상대의 무리한 요구 혹은 이치에 맞지 않는 항의, 상대방이 반론을 제기하는 경우에는 객관적인 자료를 제시하면서 즉각 반론을 제기해야 한다. 이때 작성하는 것이 반박서나 해명서이다. 이러한 문서는 법적 판단이 필요할 수 있으므로 외부로 보내는 항의서의 경

우 반드시 내용증명우편으로 발송해야 한다.

해명서의 경우 정중하게 작성해야 한다. 사측에 책임이 없음에도 상대측이 어떠한 피해에 대해 항의할 경우 해명서를 보낸다. 이는 사과장과 반박서 중간에 해당하는 문서라고 할 수 있으며, 사측의 과실이 아니더라도 상대측이 피해를 입은 것이 확실하므로 가능한 한 정중하게 상대의 입장에서 배려해야 한다.

〈 표 37 〉 부당 청구에 대한 반박서 예시

문서번호: 문서 제11-123호
수　　신: 대한그룹 대표이사 귀하
참　　조: 영업1팀장
제　　목: 대금청구 철회 요청의 건

귀사의 발전을 기원합니다.

통신 설비 이전 비용을 청구하신 귀사의 3월 2일자 서신을 잘 받아 보았습니다.

'통신 설비 이전 비용'은 귀사의 착오로 잘못 청구된 것이기에 이의 철회를 강력히 요청 드립니다.

관계자를 통해 사실을 조회해 보시면 아시겠지만, 귀사는 지난해 11월 당사 공장에 통신 설비를 설치할 당시 앞으로 3년 동안의 모든 이전비용은 귀사가 담당하겠다고 약속 했었습니다. 반년 후에 공장 이전이 예정되어 있던 당사로서는 당연히 그러한 약속까지 감안하여 귀사의 설비를 구입했던 것입니다.

귀사의 조속한 조치와 회신을 기대합니다.

2021년 3월 6일

민국그룹
총무팀장 김철수 드림

마. 항의서

항의서는 상호 간의 거래관계에서 문제가 발생한 경우 상대방에게 불만을 전달하기 위하여 작성하는 문서이다. 잘못 사용하면 불필요하게 문제를 확대시키거나, 심각한 역효과를 초래할 수도 있으므로 신중하게 작성해야 한다. 문서의 성격상 항의서는 감정적으로 치우치기 쉬우므로 주의해야 한다. 감정적인 항의만 하고 해당 문제에 대한 대책을 제시하지 않으면 오히려 역효과만 초래한다. 따라서, 논리적으로 의향을 당당하게 표현하여 책임소재를 명확히 하고 대책을 요구하는 것이 좋다. 항의서는 의례적인 계절인사 등은 모두 생략하고 곧바로 본문으로 들어간다. 그리고 'ㅇㅇ에 관한 건'이라는 제목을 맨 앞에 붙여 작성목적을 명확히 한다.

〈 표 38 〉 납기일 지연 항의서

문서번호: 문서 제11-123호
수　　신: 대한그룹 대표이사 귀하
참　　조: 영업2팀장
제　　목: 납기 지연에 대한 해명 요청의 건

지난 2월 1일자로 주문한 제품 〈No. 123〉에 대해 귀사에서 3월 5일까지 납품하기로 약속하였으나, 4월 1일 현재까지 제품이 도착되지 않았습니다.
〈No. 123〉을 주재료로 하여 제조 판매를 하는 당사로서는 현재 재고가 거의 남아 있지 않아 커다란 손실이 예상되는 상황입니다.
이러한 사정을 감안하시어 납기 지연에 대한 해명과 함께 빠른 시일 내에 납품을 완료하여 주시기를 강력히 요청하는 바입니다.

빠른 회신 부탁드립니다.

2021년 4월 1일

민국그룹
구매팀장 김구매 드림

바. 독촉장

독촉장은 비즈니스상의 의뢰, 조회, 청구, 요청 등에 대해 상대방이 회답이나 이행을 제대로 하지 않은 경우 이를 독촉하기 위해 작성하는 문서이다. 보통 전화나 항의서 등의 효과가 없을 시 독촉장을 보내게 된다. 문서의 성격상 독촉장은 감정적으로 치우치기 쉽다. 따라서, 주장은 확실히 하면서도 상대를 불필요하게 자극하지 않도록 주의를 기울여 작성해야 한다. 독촉장을 보내는 동안에 상대가 문제를 해결할 수도 있다. 이런 경우에 대비하여 '이미 이루어진 경우에는…' 등의 양해 문구를 기재한다.

《 표 39 》 대금지급 독촉장

문서번호: 문서 제11-123호
수　　신: 대한그룹 대표이사 귀하
참　　조: 재무팀장
제　　목: 미납대급 지급 요청의 건

귀사의 발전을 기원합니다

이처럼 서신으로 대금지급을 독촉하는 것은 이번이 마지막입니다. 지금까지 여러 차례 부탁드렸던 당사 매출금 5,000만 원의 지급에 대해 다시 한 번 안내드리겠습니다.
이전의 서신에서도 안내드렸듯이 귀사의 대금 회수가 되지 않을 경우 제가 문책을 피할 수 없게 됩니다.
잦은 독촉으로 인하여 죄송한 마음 금할 길 없으나 부디 저의 입장을 감안하시어 회답과 조치를 취해 주시기를 거듭 부탁드립니다.

2021년 4월 1일

민국그룹
영업팀장 김영업 드림

사. 권유서

　상대에게 상품 소개, 점포 개설, 세미나 참석 등을 광고, 선전하며 이의 구입이나 참석 등을 요청하는 문서로써 안내장과 비슷한 성격을 가진다. 권유서 작성 시 중요한 점은 작성자가 먼저 내용에 관해 충분히 이해해야 한다. 작성자가 그 내용을 제대로 파악하지 못하는 권유서는 상대의 마음을 움직일 수가 없다. 권유서는 제품의 셀링포인트 혹은 특별히 말하고 싶은 내용을 일목요연하게 작성한다. 권유하는 문서인 만큼 부드럽고 완곡하게 표현하며 객관적인 정보 소개 형태로 작성한다. 지나친 장점 피력은 오히려 역효과를 낼 수도 있으므로 피하는 것이 좋다.

〈 표 40 〉 신제품 거래 권유서

문서번호: 문서 제11-123호
수　　신: 대한그룹 대표이사 귀하
참　　조: 구매팀장
제　　목: 신제품 거래 안내에 관한 건

귀사의 발전을 기원합니다.
당사에서 개발한 A4용지 S를 2021년 4월 3일자로 발매하게 되어 이를 안내드립니다.
당사 제품의 특성과 장점에 대해서는 별지를 참조하시기 바랍니다.
오늘 제품 견본 및 참고자료 등을 별도로 송부하였으니 부디 검토하시고 많은 주문 부탁드립니다.

2021년 4월 5일

민국그룹
대표 김민국 드림

아. 요청서

요청서는 새로운 거래신청, 거래조건의 변경을 의뢰하거나 이미 종료된 협의사항을 정리하는 문서이다. 따라서, 신청 의사가 정확하게 전달되도록 내용이나 목적을 간략하게 작성해야 한다. 특히, 신규거래 신청서의 경우 더욱 정중한 내용으로 작성한다.

《 표 41 》 요청서 예시

문서번호: 문서 제11-123호
수　　신: 대한그룹 대표이사 귀하
참　　조: 영업2팀장
제　　목: 신규거래 요청의 건

귀사의 발전을 기원합니다.
다름이 아니오라 귀사와의 신규거래를 요청 드리기 위하여 이렇게 서신을 올립니다.
당사는 통신분야 전문업체로서 지난 35여 년 동안을 오직 통신사업에만 주력하여 왔습니다.

당사는 판매망을 전국적으로 대폭 확장할 계획인바, 북미 지역에서의 판매는 독보적인 유통망을 갖고 있는 귀사에게 부탁드리고 싶습니다.

당사의 사업실적서와 참고자료를 동봉하오니 검토하여 주시기 바라며, 귀사가 저희의 이러한 뜻을 받아주신다면 곧바로 담당자를 파견하겠습니다. 구체적인 거래조건에 대해서는 그때 상세하게 협의하도록 하겠습니다.

아무쪼록 좋은 결과가 있기를 기대하며, 귀사의 앞날에 영광과 행운이 함께하시길 기원합니다.

별첨1: 사업실적서 1부, 제품 카탈로그 1부

2021년 4월 1일

민국그룹
대표 김민국 드림

비즈니스 문서작성법

08

우편물 수발신 업무의
이해

비즈니스 문서작성법

비즈니스 문서작성법

I

우편물 수발신 업무의 개념

우편물 수발신 업무란 기업활동을 하면서 발생하는 정보나 물류를 소통하는 업무로 사내와 사외 업무로 나뉜다. 사내 수발신 업무는 기업 내부서 또는 사업장 간에 주고받는 물류의 수발신 업무로 파우치, 행낭, 화물 등의 형태가 있으며, 사외 수발신 업무는 기업이 대외적으로 주고받는 물류의 수발신 업무로 우편물, 택배, 퀵 서비스, 해외 특송 등의 형태가 있다.

II

사내 수발신 업무

1. 사내 우편물 수발의 구성요소

사내문서 수발의 구성요소로는 수발신함, 파우치, 행낭 가방, 물류업체, 문서 수발 담당자, 문서 수발 시스템 등이 있다.

가. 수발신함

수발신함은 수화물을 수집하여 전달 및 발송하기 위해 분류 · 보관하는 것이므로 부서별로 동선이 편리한 곳이나 공유가 용이한 공간에 설치한다. 또한 수화물의 전달과정에서 분실사고 및 보안사고가 발생할 수도 있으므로 잠금장치를 부착하고 부서 내 관리 담당자를 두어 관리한다. 이때 발신함은 접수된 수화물의 수신지역별로 구분하여 보관하는 것이 좋다.

나. 파우치

파우치는 주로 사내 부서 간이나 사업장 간에 주고받는 용도로 사용되는 봉투로 사내에서 공통적으로 사용되는 서류 봉투 또는 각대 봉투의 앞면에 발신정보(발송일, 발송 부서, 발송자, 연락처 등), 수신정보(수신 부서,

수신자, 연락처 등), 내용정보(내용물 · 중요도 표시 등), 발신 식별정보(발송 번호 · 바코드 등) 등을 작성하고 인쇄하여 부착한다. 일반적으로 A4 또는 B4 크기이며, 보안사고를 예방하기 위해 특수재질로 만들거나 봉투 입구에 봉인기능을 추가하여 제작하기도 한다. 그 밖에 각 기업의 업무상의 필요에 따라 여러 가지 모양과 크기로 제작하여 활용한다.

다. 행낭

행낭은 파우치나 수화물을 담을 수 있는 크기의 서류 가방으로 사내 사업장 간에 운행하는 것이다. 사업장 간에 왕래하는 서류의 양이나 수화물의 양을 감안하여 가방의 크기를 정하며, 일반적으로 물류업체에서 제공하는 가방을 활용하는 기업이 대부분이다. 운행 시 발생할지도 모를 분실 · 도난에 대비하여 행낭 가방에 잠금장치를 설치하기도 하며, 중요 문서나 긴급을 요할 때는 행낭 대신 퀵 서비스 또는 택배 등을 이용한다.

라. 문서 수발 시스템

문서 수발 시스템은 문서 수발업무를 신속, 정확하게 진행하기 위한 시스템을 말한다. 일부 기업에서는 자체적으로 전산시스템을 구축하여 운영하고 있으며, 그 밖의 기업에서는 인쇄된 관리대장에 수기(手記)로 작성하여 관리하거나 엑셀이나 워드 등의 프로그램을 이용하여 자료를 관리하고 있다.

문서 수발시스템의 운영방법은 다음과 같이 구분할 수 있다.

첫째, 관리대장을 이용한다. 문서 수발실에서 수발신되는 품목에 대해 관리대장을 만들어 건별 내용을 기재, 관리한다. 직접 수기하여 관리하므로 정보를 이동하고 저장하는 데 불편하다. 대부분 물류의 양이 적은 경우 활용한다.

둘째, 데이터 파일을 이용한다. 수발신되는 품목의 내역을 엑셀이나 워드 프로그램으로 작성, 저장하는 방식이다. 관리대장을 PC 파일로 변환한 것으로, 정보의 이동과 저장은 편하지만 수기작업과 병행해야 하므로 작업효율이 낮다.

셋째, 관리 시스템을 이용한다. 수발신되는 모든 물품을 시스템에 따라 진행하여 이동 물품의 분실·누락에 대한 신뢰도가 높고 데이터 관리 및 현황 정리가 쉽다. 사내 인트라넷의 일종으로, 결재·승인·발송 신청 등을 온라인상에서 운영함으로써 유통관리는 물론 내용물에 대한 신뢰도도 높은 편이다. 단, 시스템 구축 시 일정 비용이 발생한다.

넷째, 바코드 또는 PDA를 활용한다. 이동 물품에 바코드를 부착하여 정보를 저장하고 수신 처리 시 PDA를 이용하여 수신자의 실명을 확인한다. 과거 수기로 하던 작업을 직접 휴대용 인터넷을 활용함으로써 편의성과 정확성을 높인 시스템으로, 우체국 배송시스템을 예로 들 수 있다.

다섯째, 사원 카드를 활용한다. 수신자 확인에 대한 정확성을 높이기 위해 사용하는 방식으로 수신자는 수신 후 자신의 사원 카드를 시스템에 인식시켜 수신자 확인을 한다. 바코드나 PDA보다 한 단계 발전한 형태로 보안성을 높인 시스템이지만 사내 유통망에서만 사용이 가능하다.

비즈니스 문서작성법

Ⅲ

사외 우편물 관리

1. 국내 우편물 관리

우편물 발송의 유형은 다음과 같이 세 가지로 나누어 볼 수 있다.

첫째, 우표 부착 발송으로, 우체국에서 판매하는 우표를 구매하여 부착하는 방식이다. 발송 현황 및 비용을 관리하기 위해 우표 구입 영수증 및 우편 발송 현황을 별도로 관리할 필요가 있다.

둘째, 요금 후납 발송으로, 관할 우체국과 '우편물 요금 후납 계약'을 체결하여 우편요금을 월 단위로 후납하는 방식이다. 우편물 요금 후납을 계약하기 위해서는 매년 1회 보증보험회사에 요금 후납 이행 보험을 가입하고 우체국에 제출해야 한다. 후납 계약이 체결되면 우체국에서 요금 후납 우편계기를 제공받아 이를 활용한다.

셋째, DM 발송으로, 소식지 · 설문지 · 홍보물 · 사은품 등 대량 우편물 발송 시에 활용하는 방법이다. 부서 자체적으로 진행하기도 하나, 대부분 대행업체에 위탁하여 처리한다.

〈 표 42 〉 국내 우편의 종류

구분		내용
일반 우편	보통	배송 확인 불가능
	등기	배송 확인 가능
특급 우편	익일 배달	발송 익일 도착
	낭일 배달	당일 도착, 익일 요금 + 2,000원 (서비스 가능지역과 접수시간은 우체국에 문의)
소포	보통 소포	익일 오전 특급: 1,000원 부가, 당일 특급: 2,000원 부가
	등기 소포	익일 오전 특급: 1,000원 부가, 당일 특급: 2,000원 부가
기타	내용 증명	등기 우편 요금 + 등본 1매 1,300원, 1매 초과당 650원 가산
	유가 증권	등기 우편 요금 + 최초 5만 원 내 천 원, 5만 원 초과 매 5만 원까지마다 500원 추가(취급 한도액 2,000만 원)
	배달 증명	등기요금 + 1,300원 추가
	기타	팩스우편, 전자우편 등

비즈니스 문서작성법

기업 인쇄물 제작 절차와 방법

1. 기업 인쇄물의 종류

기업 인쇄물에는 기업에서 주로 사용하는 제 양식, 연말 인쇄물, 명함 등이 있으며, 인쇄물 관리란 기업 인쇄물의 제작, 편집, 공급과 관련된 전반적인 업무를 말한다.

가. 제 양식

제 양식은 기업에서 공통으로 사용하는 양식류, 봉투류 등의 인쇄 제작물을 통칭한다.

1) 양식류

양식류에는 영수증, 지급증, 증명원, 레터지, 교통비 대장, 경조 내지, 각종 신청서 등이 있다.

2) 봉투류

봉투류에는 각대봉투(서류 봉투), 경조봉투, 급여봉투, 인사봉투, 현금 봉투, 우편봉투, 쇼핑백 등이 있다. 각 봉투의 제작 시에는 회사의 CI 규정이나 제작 틀을 고려하여야 하며, 특히 각대봉투는 사외 발송용으로 주로 사용되므로 회사 주소와 대표 전화번호, 팩스번호 등을 우편 형식에 맞추어 인쇄하고, 우편 발송 · DM 발송 · 외부 서류전달 · 홍보물 배포 등의 활용 목적에 맞추어 국문과 영문으로 각각 제작하기도 한다.

나. 연말 인쇄물

연말 인쇄물은 해마다 기업에서 직원 배포용이나 고객 사은품용으로 제작하는 다이어리(업무용 수첩), 달력, 연하장 등을 통칭한다. 다이어리는 용지, 표지, 부속, 제본 등으로 구성되며, 회사의 연혁, 소개, 대표 인사말, 경영방침, 조직도 등의 사내 정보와 스케줄, 메모 등의 기록 부문 및 일반 정보 등의 내용을 부록으로 포함한다.

다. 명함

명함은 개인 및 기업을 알리는 대표적인 인쇄물이다. 명함은 제작형태에 따라 단면 · 양면, 국문 · 영문 · 한자 등으로 인쇄한다.

라. 기타

기타 인쇄물로는 홍보물이 있으며, 기업 브랜드에 대한 정보를 간략하게 소개하는 인쇄물로 홍보책자, 홍보 리플릿 등이 있다.

2. 인쇄방식

인쇄물의 인쇄방식에는 마스터 인쇄, 오프셋 인쇄, 디지털 인쇄 등이 있다.

가. 마스터 인쇄

마스터 인쇄(Master Printing)는 경인쇄(輕印刷)라고도 하며, 레이저 프린터로 인쇄된 원고를 직접 특수재질의 종이 인쇄판에 촬영하여 인쇄하는 방식이다. 도수는 색의 가짓수를 의미하고, 최대 2도까지 가능하며, 오프셋 인쇄에 비해서 가격이 저렴하다.

《 표 43 》 마스터 인쇄방식의 특징

장점	빠른 속도로 발주에서 납기까지의 시간을 단축, 적은 부수의 인쇄물에 사용함
단점	색상이 미려하지 못하여 사진, 복잡한 로고 등의 인쇄에는 적합하지 않음
도수	1도 또는 2도
용도	단색의 전단, 서식, 보고서, 수분서, 영수증, 계약서 등

나. 오프셋 인쇄

오프셋 인쇄(Offset Printing)는 인쇄판과 고무 롤러를 사용해서 종이에 인쇄하는 방식으로, 금속 인쇄판에 칠해진 잉크가 고무 롤러를 통해 종이에 묻게 하는 방식이다. 도수는 인쇄용 색상 모드인 CMYK(Cyan, Magenta, Yellow, Black) 네 가지 색을 이용하므로 모든 색상의 표현이 가능하며, 가단행본, 달력, 잡지 등 대량인쇄 또는 컬러인쇄가 필요한 분야에서 널리 사용된다.

〈 표 44 〉 오프셋 인쇄방식의 특징

장점	정밀한 표현을 하고자 하는 고급 인쇄물에 적합하며 색상 표현이 풍부함
단점	소량 인쇄 시 단가가 높으며 마스터에 비해 공정과정이나 시간이 더 소요됨
도수	4도 풀 컬러 및 금은 별색, 별색 인쇄
용도	각종 홍보물, 잡지, 포스터, 인쇄 광고지, 다색도의 고급 인쇄물 등

다. 디지털 인쇄

디지털 인쇄(Digital Printing)는 맞춤형 주문 인쇄(POD: Print On Demand 또는 Publish On Demand)라고도 하며, 컴퓨터로 작업된 데이터를 판을 만들지 않고 바로 인쇄하는 방식이다. 기존의 인쇄방식이 아닌 프린트 개념이기 때문에 필요한 양만큼의 소량의 인쇄물을 다양한 용지에 비용과 시간을 줄여 빠르게 인쇄물을 만들 수 있다.

〈 표 45 〉 디지털 인쇄방식의 특징

장점	정확한 수량만큼만 인쇄하기 때문에 재고가 남지 않으며, 단시간에 제작 가능함
단점	대량 인쇄 시에는 경제적이지 못함
도수	4도 풀 컬러
용도	명함, 사원증, 각종 홍보물 등

라. 기타

앞의 인쇄방식 외에 특수인쇄방식으로 각종 서적이나 미술 인쇄물, 우표를 비롯하여 흡수성이 없는 플라스틱 필름, 알루미늄박 등의 포장 인쇄와 나뭇결, 자연석 무늬를 내기 위한 건축자재 인쇄 등 사용범위가 높은 그라비아 인쇄방식과 실크 스크린 인쇄, 전사 인쇄, 플라스틱 인쇄,

발포 인쇄, 카본 인쇄 등이 있으며, 이것들은 주로 종이보다는 패키지나
제품에 인쇄할 때 사용한다. 판촉물을 만들 경우에는 피인쇄체에 따라
그에 맞는 특수인쇄기법을 적용한다.

저자 약력

이지은

- 선문대학교 IPP 사업단 교수
- 피아이씨컴퍼니 대표
- 한국콘텐츠진흥원 전문위원
- 한국문화예술교육진흥원 전문위원
- 소상공인시장진흥공단 자문교수
- 동작 직업교육특구 운영협의회 외부위원
- 국제비서사무행정가 자격증 보유
- PIC(CEO PI 컨설턴트) 자격증 보유
- PBM(퍼스널브랜딩 매니지먼트 컨설턴트) 자격증 보유
- CS Leaders(관리사) 자격증 출제위원
- 중앙선거관리위원회 국제의전매뉴얼 자문교수 역임
- 한양대학교 미래인재교육원 관광학 교수 역임
- 부천대학교 비서사무행정학과 겸임교수 역임
- 경민대학교 국제비서과 겸임교수 역임
- 연성대학교 항공서비스과 외래교수 역임
- 국내 대기업 그룹총수 전략비서 역임
- 호주한국대사관 통역/의전비서관 역임
- 국내 대기업 비서채용면접관 역임

〈저서〉
- 글로벌 의전매너
- 서비스 리더십
- 서비스경영론
- 비서실무론
- 의료법률비서실무

저자와의
합의하에
인지첩부
생략

비즈니스 문서작성법

2020년 3월 10일 초 판 1쇄 발행
2020년 9월 10일 개정판 1쇄 발행

지은이 이지은
펴낸이 진욱상
펴낸곳 (주)백산출판사
교　정 편집부
본문디자인 신화정
표지디자인 오정은

등　록 2017년 5월 29일 제406-2017-000058호
주　소 경기도 파주시 회동길 370(백산빌딩 3층)
전　화 02-914-1621(代)
팩　스 031-955-9911
이메일 edit@ibaeksan.kr
홈페이지 www.ibaeksan.kr

ISBN 979-11-6567-161-7 13320
값 17,000원